EMPRESAS FAMILIARES
A construção da
perpetuidade

MARCELO SILVA

EMPRESAS FAMILIARES
A construção da perpetuidade

Histórias, reflexões e
princípios: caminhos para
um processo de sucessão

GERAÇÃO

EMPRESAS FAMILIARES: A construção da perpetuidade

Copyright desta edição © 2024, Geração Editora Ltda.

1ª edição – Outubro de 2024

Grafia atualizada segundo o Acordo Ortográfico da Língua Portuguesa de 1990, que entrou em vigor no Brasil em 2009.

Editor e *Publisher*
Luiz Fernando Emediato

Assistente Editorial
Antonio Emediato

Projeto Gráfico, Diagramação e Capa
Alan Maia

Preparação de texto e produção de conteúdo
Walter Falceta Jr.

Revisão
Josias A. de Andrade

**Dados Internacionais de Catalogação na Publicação (CIP)
de acordo com ISBD**

S586e   Silva, Marcelo
          Empresas Familiares: a construção da perpetuidade: histórias, reflexões e princípios: caminhos para um processo de sucessão / Marcelo Silva. - São Paulo : Geração Editorial, 2024.
          257 p. : 15,5cmx 23cm.

          ISBN: 978-65-88439-16-6

          1. Administração de empresas. 2. Empresas familiares. 3. Sucessão. 4. Planejamento estratégico. I. Título.

	CDD 658.045
2024-2558	CDU 658.114.5

Elaborado por Vagner Rodolfo da Silva - CRB-8/9410

Índice para catálogo sistemático:

1. Administração de empresas : Empresas familiares   658.045
2. Administração de empresas : Empresas familiares   658.114.5

GERAÇÃO EDITORIAL LTDA.
Rua: João Pereira, 81 - Lapa
CEP: 05074-070 - São Paulo - SP
Telefone: 55 11 3256-4444
E-mail: geracao@geracaoeditorial.com.br

Impresso no Brasil
Printed in Brazil

SUMÁRIO

PARA INICIAR A VIAGEM..9

UM QUÁDRUPLO PREFÁCIO 11

1 INTRODUÇÃO
Meus motivos para escrever mais um livro.........................27

2 GÊNESE
Magia e carisma do fundador...41

3 SUCESSÃO
Como perpetuar o sonho..55

4 ESTRUTURAÇÃO
Governança corporativa e familiar.......................................67

5 GESTÃO PROFISSIONAL
Um forasteiro na propriedade da família.............................77

6 INTEGRIDADE
Os valores inegociáveis de uma empresa............................91

7 CONDUTA
Vada a bordo, cazzo!...105

8 ESTRATÉGIA
Escrevendo o roteiro do espetáculo..................................123

9 CONTROLES INTERNOS
Por onde respira uma empresa..............................131

10 ABERTURA DE CAPITAL
Desafios da venda de ações no mercado..................147

11 GROWTH
It's the top line, stupid!..................................153

12 VAREJO
Sucessos efêmeros e luta pela sobrevivência...................167

13 CONEXÃO
Quem não se comunica se trumbica....................183

14 METAMORFOSES
Bompreço: Orgulho de Ser Nordestino....................197

15 EVOLUÇÃO
Magazine Luiza: sucessão na receita do êxito..................205

16 VISTO DE FORA
Preenchendo as lacunas: transições na liderança familiar221

17 RESISTÊNCIA
Riachuelo: do pau de arara a um império do varejo........227

18 CONCLUSÃO
Avançando pelo caminho do meio...............................231

PARA INICIAR A VIAGEM

Antes de decolar na aventura do texto, gostaria de me apresentar ao leitor. Nascido em um engenho de cana, comecei minha vida de trabalho bem cedinho, aos 15 anos, como escriturário de um banco. Aos 20 anos, ingressei em uma conceituada empresa internacional de auditoria, na qual atuei durante sete anos. Em 1978, tornei-me diretor do Bompreço, a maior companhia de varejo do Nordeste, na qual permaneci por 24 anos.

Em 2002, me transferi para a Pernambucanas, em São Paulo, uma empresa tradicional que buscava renovação. Depois de uma experiência bem-sucedida de quase sete anos, assumi o cargo de CEO no Magazine Luiza, uma companhia em fase de acelerada expansão. Após cinco anos na função, percebi que era chegada a hora de passar o bastão. Dediquei-me, assim, a organizar e estruturar essa transição, que se coroou de pleno êxito. No final do processo, consolidei o meu propósito para os anos seguintes de vida: servir e compartilhar!

Todos os meus conhecimentos foram adquiridos na convivência com as pessoas. Nada mais justo, portanto, do que retribuir por meio de palestras, artigos e livros que mostrassem como superei os desafios que se apresentaram durante a minha trajetória.

Marcelo Silva

Ainda em 2009, lancei meu primeiro título, *Gente não é Salame*. Em 2013, foi a vez de *O que a Vida me Ensinou*.

Ao editar este terceiro livro, quero expressar reconhecimento pela dedicação de meu parceiro e coautor, Walter Falceta Jr. Ele participou ativamente da produção dessas três obras, transcrevendo meus depoimentos, captando minhas ideias, inserindo contribuições de outras pessoas, além de acrescentar dados e fatos que enriquecem e consubstanciam o conteúdo editorial.

Faço aqui um agradecimento especial a João Carlos Paes Mendonça, Luiza Helena Trajano, Frederico Trajano e Flávio Rocha, todos eles grandes empreendedores e gestores, pela generosidade, pelas valiosas contribuições teóricas e por seus magníficos exemplos de vida.

Por fim, manifesto imensa gratidão a meus inesquecíveis pais, aos meus filhos, aos meus netos e à minha esposa, Maria Helena. Por meio da inspiração, do apoio e do incentivo, vocês se tornaram queridos protagonistas da minha história. Obrigado por me acompanharem nesta jornada e por enriquecerem a minha existência.

UM QUÁDRUPLO PREFÁCIO

O QUE A OBRA DE MARCELO SILVA NOS ENSINA

Luiza Helena Trajano Rodrigues
Presidente do Conselho de Administração do Magazine Luiza

É uma honra prefaciar, 13 anos depois, mais um livro do querido parceiro de trabalho Marcelo Silva. A primeira vez foi em 2009, quando ele lançou *Gente não é Salame*, um livro de leitura leve e, ao mesmo tempo, profunda, que narra sua saga de valente pernambucano e seus aprendizados no campo da gestão de empresas.

Conheci Marcelo no **Instituto para Desenvolvimento do Varejo**, em meados da década passada, quando realizamos juntos diversas ações em defesa do nosso setor de negócios. Naquela época, eu já pensava nas estratégias de expansão do Magazine Luiza e também no processo de sucessão na liderança da empresa.

Nessa missão, eu precisaria de apoio profissional com grau de excelência, e logo imaginei que o então diretor-superintendente da Casas Pernambucanas poderia cumprir esse papel. O problema era que ele estava muito bem empregado em um concorrente. E nunca considerei ético "roubar" talentos de outras companhias.

Certa manhã, porém, depois de uma reunião, chamei o Marcelo e lhe disse: "no dia em que sair do seu atual emprego, por favor, me liga". Esse telefonema chegou anos depois, numa tarde ensolarada, em fevereiro de 2009. Do outro lado da linha, ele me informou: "Luiza, hoje é meu último dia de trabalho aqui na Pernambucanas".

Marcelo Silva

Eu precisava iniciar um novo ciclo de vida, e Marcelo era o executivo ideal para assumir o cargo de CEO naquele momento ousado e arriscado da empresa, marcado pela multiplicação de lojas e pelo aprimoramento de nosso modelo de governança. Com ele, eu tinha algo muito particular em comum: o apreço por valores e o zelo pelas pessoas, fossem colaboradores, fornecedores ou clientes.

Ao ler este livro, você conhecerá outros detalhes dos êxitos obtidos por Marcelo na liderança de nossa empresa. No entanto, como esta obra trata de organizações familiares, gostaria de escrever um tantinho sobre a minha experiência.

Comecei a trabalhar aos 12 anos, em uma empresa criada por minha tia, em Franca (SP). E logo me apaixonei pelo negócio. Meus tios tinham muito amor pela loja e cuidavam de manter uma reputação de respeito pelos colaboradores, de carinho pelos clientes e de honestidade na relação com os fornecedores. Pagavam tudo em dia, de acordo com a lei, para somente depois apurar o lucro.

O que ganhavam com isso? Confiança! No fundo, essa é a chave do sucesso do Magazine Luiza, uma empresa que transportou valores familiares para o mundo dos negócios de varejo. Sempre cumprimos acordos, inclusive aqueles que definiam o papel de cada membro da família na condução da companhia.

Muitas empresas familiares, como Marcelo bem pontua neste livro, acabam amarradas e engessadas por velhos costumes e hábitos. Ao repetir fórmulas ultrapassadas ou vícios de gestão, não realizam o sonho da perpetuidade e acabam baixando as portas.

No Magazine, sempre procuramos combinar a sólida plataforma de valores éticos e morais com processos permanentes de inovação, atuando nos mais diversos campos, da logística aos recursos humanos, dos controles financeiros ao *marketing*.

Desde os anos 1950, nossa empresa privilegiou pessoas, velocidade, transparência, simplicidade, generosidade, cumprimento de obrigações, precisão nos registros contábeis, inovação tecnológica e busca de rentabilidade. Fica mais fácil seguir esse roteiro quando

EMPRESAS FAMILIARES

valores intangíveis determinam a conduta das pessoas que fazem a companhia no seu cotidiano.

Temos um lema que vem da cultura familiar: "faça aos outros o que gostaria que fizessem a você". Como bem sabe o Marcelo, essa não é uma frase de efeito para ficar estampada em quadros na parede. Nós, da família e do corpo diretivo, vivemos esse lema e damos o exemplo todos os dias. Nossa meta é inspirar os funcionários a agirem dessa forma, especialmente na relação com nossos clientes.

Desde criança, meu filho Frederico viveu nesse ambiente. Nunca o preparei para ser presidente da empresa. Eu e meu marido o educamos para ser correto, generoso, dedicado e respeitoso nas relações humanas. Fomos premiados com uma vocação. Ele também se apaixonou pela empresa e, aos poucos, se preparou para assumir seu comando.

Neste livro, você vai conhecer esse processo de aprendizado e superação. Marcelo Silva, com sua vasta experiência no varejo de empresas familiares, foi fundamental para formar o Fred e desenvolver todos os seus inegáveis talentos e suas capacidades, especialmente no campo da inovação.

Se eu escrever mais, anteciparei as cenas mais interessantes deste "filme" de nossa vida. Portanto, gostaria de indicar esta obra como uma referência educativa para todos nós que construímos e mantemos empresas familiares, especialmente no campo do varejo. Vale para aqueles que são veteranos nos negócios e também para aqueles que iniciam agora a aventura empreendedora.

O livro de Marcelo tem histórias, números, conceitos e, sobretudo, aquele tempero literário todo especial de suas narrativas. É sempre um pernambucano do engenho, olhos vivos, que nos traduz os segredos do mundo. Nesta escrita, o que é mais complexo acaba explicado na mais espantosa simplicidade. A gente saboreia, aprende e se inspira.

Trata-se, pois, de uma obra única sobre um tema que ainda não tinha sido devidamente estudado no Brasil. Recomendo que se aprecie com ou sem moderação. Quando chegar à última página, é bem provável que você, como eu, decida ler mais uma vez.

VIRTUDES DE QUEM ME PASSOU O BASTÃO

Frederico Trajano
CEO do Magazine Luiza

Posso dizer que muito me honra completar o prefácio desta formidável obra, em complemento ao texto produzido por minha mãe, Luiza Helena Trajano. Também muito me orgulha figurar como personagem de um livro escrito com tanta precisão e sensibilidade sobre um tema fundamental ao desenvolvimento dos negócios no Brasil.

Creio que Marcelo presta um inestimável serviço às empresas familiares, ao setor do varejo e, mais uma vez, à economia brasileira. Não se trata de um trabalho de observador externo, mas sim de uma análise criteriosa de quem, por décadas e décadas, atuou como protagonista no desenvolvimento e aprimoramento de grandes empresas, todas elas geradoras de renda, empregos e prosperidade compartilhada.

No Bompreço, na Pernambucanas e no Magazine Luiza, Marcelo lidou com famílias empreendedoras e soube aliar os valores de cada clã a seus esforços no campo da gestão profissional. Mestre da contabilidade e das auditorias, antecipou em muitos anos os processos hoje adotados em modelos de controle e *compliance* de organizações vencedoras.

Desde criança, aprendi a amar o Magazine Luiza. Fiz meus estudos universitários, tive outros empregos, mas sempre cogitei prestar um serviço de qualidade à empresa fundada, em 1957, por meus tios-avós. Nunca fui forçado a assumir cargos e responsabilidades. Abracei o projeto por vocação e por admirar os esforços de minha família, que nunca abandonou valores para obter lucro fácil e rápido.

Para o Magazine Luiza, foi fundamental o período em que Marcelo atuou como CEO. Primeiramente, porque ele compartilhava conosco esse apreço pelas pessoas, atento às suas demandas, objetivas e subjetivas. Em segundo lugar, porque ele conhecia muito bem as complexas relações entre familiares e gestores profissionais nas empresas. Sempre firme, mas também generoso e conciliador, ensinava sem a típica arrogância que marca muitos gestores experientes.

Foi, efetivamente, quem me passou o bastão na liderança da empresa. Mas, nem de longe esse processo lembrou uma veloz corrida olímpica de revezamento. O processo durou anos, sustentado pelo diálogo paciente, pela análise conjunta de situações e pelas trocas entre mestre e aprendiz.

Posso ainda dizer que Marcelo, de coração aberto, sempre me incentivou em meus projetos de modernização da empresa. No campo da governança, ofereceu-me todas as condições para que eu pudesse triunfar em iniciativas na área de inovação tecnológica.

Durante a produção deste trabalho, pude ler antecipadamente um capítulo. E o conteúdo me fascinou. Ele tratava de *top line* e *bottom line*, e considerei que somente aquelas considerações já constituíam um livro. Encontrei ali uma perfeita interpretação dos valores e procedimentos que têm norteado o Magazine desde sua fundação.

Focamos sempre no conjunto de ações destinadas a conquistar clientela, vender mais e ampliar receitas. É assim que crescemos sem parar e contribuímos para mover a roda da economia nacional.

Vejo outras companhias que, seguindo filosofias distintas de gestão, extinguem ferramentas e programas fundamentais ao próprio desenvolvimento futuro, conforme escreve Marcelo Silva. Exageram, por exemplo, ao efetuar cortes na folha de pagamento e, como resultado, tornam-se incapazes de reter talentos. Preferem operações menos custosas no campo da logística, mas atrasam entregas e perdem clientes.

EMPRESAS FAMILIARES

Outras empresas seguram investimentos em tecnologia, especialmente no campo do comércio digital, esperando que os antigos métodos garantam o volume de vendas e a lucratividade. O resultado é que acabam rejeitadas e esquecidas pelos novos consumidores.

Essas "sacadas" do Marcelo, sempre expostas com clareza e ilustradas por ótimos exemplos, compõem a alma viva deste livro.

Se você é um *founder* e quebra a cabeça para encontrar um modelo de transmissão da liderança, esta leitura vai ajudá-lo a encontrar soluções. Se você é um jovem que se prepara para assumir um negócio familiar, aqui encontrará ensinamentos valiosos para trilhar este caminho.

Agradeço ao Marcelo pelos ensinamentos que marcaram todos estes anos de sinergia em benefício do Magazine Luiza. Ao terminar de percorrer estas páginas, você, leitor, certamente lhe agradecerá pela magnífica aula sobre a magia da gestão em empresas familiares.

COMO COMBINAR A TRADIÇÃO E A INOVAÇÃO

João Carlos Paes Mendonça

Fundador do Bompreço e presidente do Grupo JCPM

Ao ler este livro, misturei a emoção e a gratidão ao autor. Poucas pessoas neste mundo foram capazes de compreender tão profundamente a cultura singular do Bompreço, uma empresa essencialmente nordestina. Além de decifrar os segredos da nossa receita, Marcelo foi também protagonista nesta história de sucesso, aliando sua larga competência técnica ao respeito pelas pessoas. Nos 24 anos em que atuou em nossa organização, 22 deles bem perto de mim, sempre se empenhou em tornar a companhia mais humana, acolhedora e inclusiva.

Ao visitar, curioso, estas páginas, a memória conduz a um pranto que me embaça os olhos. Recordo, sobretudo, de meu querido pai, Pedro Paes Mendonça, um homem humilde, sem estudo formal, mas muitíssimo trabalhador, esforçado e competente. Tudo que nossa família tem, seja em bens tangíveis ou intangíveis, é resultado da semente que ele plantou lá em Serra do Machado, distrito de Ribeirópolis, no interior de Sergipe.

Meu pai constituiu o nosso DNA nos negócios. A disciplina, por exemplo, era uma marca muito forte dele. Tinha rigor e minúcia em tudo o que fazia. Ao lado dessa virtude, cultivava esse respeito pelas pessoas, conduta que Marcelo Silva tanto valoriza. O velho Pedro tinha uma sensibilidade social enorme, uma característica que sempre procurou legar aos filhos.

A mercearia na frente de nossa casa foi uma verdadeira escola. Éramos oito irmãos. Sou o mais velho dos homens, mas o quarto entre todos. Convivi desde muito cedo com o comércio, aprendendo no dia a dia sobre os desafios do varejo. A ideia básica era comprar o melhor produto pelo melhor preço. E vender o melhor produto pelo melhor preço, para beneficiar o cliente, ajudá-lo a ser mais feliz e, por fim, esperar que ele voltasse para efetuar uma nova compra.

Aos nove anos, eu já ajudava meu pai no negócio. Aos 13, já era vendedor. Estudava à noite e labutava durante o dia, como era comum naquela época. Então, virei adolescente. Na vida familiar, o patriarca nos concedia liberdade, ainda que se preocupasse demais quando nos demorávamos nas saídas noturnas. Na juventude, eu podia chegar às duas da manhã em casa, mas às seis, em ponto, ele me acordava para trabalhar. Nesse particular, ele era impiedoso. Sentenciava: "se não quer ficar com sono o dia inteiro, João Carlos, chegue mais cedo da rua".

Precisávamos suar muito porque éramos realmente pequenos. Superando as dificuldades, passamos para um armazém de atacado e começamos a abrir filiais no interior do Estado. Em seguida, trabalhamos também com uma usina de beneficiamento de arroz. No início da década de 1960, começou uma revolução no setor de distribuição de gêneros de base. Eram os mercadinhos, que depois se converteram em supermercados. Resolvemos pegar aquela onda. Começamos em Aracaju, Capital de Sergipe. Mais tarde, em 1966, nos mudamos para o Recife, onde inauguramos uma primeira loja relativamente pequena, de 518 metros quadrados.

Esse ponto de venda ficava no bairro de Casa Amarela e fez um tremendo sucesso. Nosso *slogan* era "uma loja em Casa Amarela atendendo à cidade inteira". Olha, caro leitor, esse mote aí foi pura arrogância e prepotência do meu pai. Mas no bom sentido. Hoje, em família, rimos muito quando nos lembramos desse saudável atrevimento. De certa forma, nos inspirou a fazer do Bompreço uma das maiores redes de supermercados do país.

EMPRESAS FAMILIARES

Meu pai sempre nos ensinou a combinar responsabilidade e audácia. Por isso, a inovação sempre figurou em nossa pauta corporativa. Fomos pioneiros ao usar código de barras, criamos um cartão de compras e instituímos um clube de fidelidade. O mais importante, no entanto, foi a estruturação de um modelo único de atendimento, sempre marcado pela gentileza e empatia, ou seja, um jeito de ser que reflete o espírito de nossa gente. Daí a frase que nos marcou: "orgulho de ser nordestino". Tudo isso foi posteriormente agregado a projetos de responsabilidade social, como aqueles da Fundação Pedro Paes Mendonça e do Instituto JCPM.

Penso que este livro seja fundamental para mostrar como é importante o esforço de educação empreendedora dentro das famílias. Além disso, é mandatório que se preserve a tradição de valores do fundador sem que se renuncie ao processo permanente de invenção e inovação. É essa mistura, bem dosada, que constituiu grandes empresas, gera empregos, faz girar a roda da economia e desenvolve um país.

Sinto-me realmente muito honrado em constatar que este livro agrega com elogioso destaque a nossa experiência de empreendedorismo familiar. Novamente, quero destacar que esse sucesso somente foi alcançado por meio da colaboração de profissionais como o próprio Marcelo, sempre alinhado com nossos princípios, permanentemente ativo na preservação dessa cultura de capacitação e valorização das pessoas.

Creio sinceramente que este volume servirá como um valioso guia a todos aqueles que pretendem criar ou fortalecer empreendimentos familiares, especialmente em tempos de acirrada competição de mercado. Neste período histórico particularmente desafiador, será fundamental que as companhias se assentem sobre os alicerces dos bons valores, como honestidade, solidariedade, transparência e carinho pelas pessoas, sejam elas fornecedores, colaboradores, clientes e outros membros da comunidade.

Se você é um veterano, não passe apenas o bastão aos seus herdeiros. Entregue também a cartilha de princípios que justificam o seu sonho materializado na empresa. Se você está assumindo o controle de um negócio criado por seu pai ou avô, procure associar o espírito inovador aos valores basilares que fizeram a companhia crescer e prosperar.

Pense nisso especialmente nestes tempos de crise. É hora de acordar, refletir e mudar procedimentos. A partir deste 2020, alteram-se os paradigmas. O mundo nunca mais será o mesmo e precisamos de entendimento, colaboração e generosidade para abrir novos caminhos. Que o exemplo familiar nos auxilie a construir uma sociedade mais pacífica, fraterna e harmoniosa.

Boa leitura! Boa gestão!

A MODERNA GESTÃO DAS EMPRESAS FAMILIARES

Flávio Rocha
Presidente do Conselho de Administração do Grupo Guararapes/Riachuelo

Empresas familiares costumam ser alvo de um preconceito simplório. São consideradas antagônicas às corporações profissionalizadas e esnobadas por supostamente inibirem o estímulo à meritocracia.

É por confrontar tal entendimento com a contundência dos melhores argumentos que este novo livro de Marcelo Silva deve ser saudado por empresários, profissionais e estudantes de administração.

Executivo cuja excepcional trajetória profissional o associou aos melhores *cases* de sucesso em empresas familiares no Brasil, Silva compartilha com seus leitores o conhecimento adquirido em mais de 50 anos de experiência.

Marcelo Silva começou na rede nordestina Bompreço, passou pela Pernambucanas em São Paulo e atingiu o ápice como CEO do Magazine Luiza. Em todos os lugares onde trabalhou, deixou sua marca pessoal: uma mescla entre o respeito à tradição e o entusiasmo pela inovação. É dessa forma que enfoca a questão sucessória, certamente a mais relevante para as empresas familiares.

A história do grupo Guararapes, contada no final deste livro, é ilustrativa da importância da sucessão. A empresa migrou de uma gestão centralizadora, personificada por um de seus fundadores — meu pai, Nevaldo — para uma administração missionária, sob minha responsabilidade.

As duas fases responderam às exigências das circunstâncias. Meu pai liderou a era industrial, em que o negócio seguia empurrado pelo ímpeto de produzir. Na transição para a segunda geração, houve o empoderamento do consumidor, que passou a puxar o negócio. Essas percepções complementares favoreceram a empresa.

Marcelo Silva é pertinente ao notar que, ao contrário do que se possa imaginar, a tradição das empresas familiares produz uma perspectiva de longo prazo para o negócio. É natural, aliás, que seja assim. Cada nova geração — em vez de focar no bônus do próximo trimestre, como fazem os executivos profissionais — deseja passar o bastão à seguinte da melhor forma possível.

Não se trata, no entanto, apenas de garantir o futuro dos descendentes. O que está em jogo é a manutenção do propósito dos fundadores. É assim que se renova e se preserva o DNA das empresas familiares.

A tarefa pode ser natural, mas nem por isso é fácil. A estatística disponível é tristemente eloquente. No Brasil, como informa o autor, menos de um terço das empresas familiares chega à segunda geração e, em apenas 15% dos casos, a terceira geração assume o comando.

Por que isso ocorre?

Marcelo Silva é didático ao expor as três dicotomias que mais ameaçam as empresas familiares. Em primeiro lugar, escreve, não se deve confundir autoconfiança com arrogância. Em segundo, há que se seguir processos, sim, mas sem desconsiderar o fator humano. Por fim, deve-se evitar o imediatismo e medir o risco de colocar os resultados na frente dos valores.

O autor dá a seu relato uma justa dimensão histórica ao lembrar que, afinal de contas, os primeiros empreendimentos surgidos na civilização, dez mil anos atrás, tinham natureza familiar. É uma tradição que não se joga fora impunemente. Aos que julgam que a empresa familiar é coisa do passado, Marcelo Silva aponta que hoje, nos Estados Unidos, quase dois terços do PIB são gerados por empresas cujo controle passou de pai para filho.

Empresas familiares, como demonstra o executivo, exibem características que as tornam especialmente fortes e consistentes. Elas tendem a ser mais econômicas e, em geral, apresentam contas mais equilibradas. Também resistem ao endividamento fácil e preferem, no mais das vezes, o crescimento orgânico. Por fim, mas não menos importante, valorizam a retenção de talentos.

O autor advoga com notável êxito que é falaciosa a oposição entre administração moderna e empresa familiar. Ao contrário, o ambiente meritocrático domina tais empreendimentos, como bem sabe quem os conhece por dentro.

"EMPRESAS FAMILIARES — A construção da perpetuidade" equivale a um MBA em administração. O que o executivo não sabe sobre empresa familiar ninguém precisa saber, pois certamente não é relevante. O leitor, porém, não sente o peso da informação. Marcelo Silva, que publicou o *best-seller Gente não é Salame*, domina a arte da narrativa, entremeando conceitos e dados com histórias e casos que tornam a leitura prazerosa.

Depois de meio século de vivência empresarial, Marcelo Silva decidiu que estava na hora de contar o que testemunhou e realizou. Sorte a nossa, leitores.

1

INTRODUÇÃO

Meus motivos para escrever mais um livro

—

Quando completei 60 anos, preparei um preito de gratidão àqueles que foram mais importantes em minha trajetória pessoal e profissional. Tenho uma relação mística com o número cinco. Por este motivo, pautei-me pelos lustros (do latim *lustrum*), que são blocos de cinco anos. Iniciei, naturalmente, tratando de meus pais, que me trouxeram ao mundo e me cumularam de todos os carinhos e cuidados possíveis. Depois, recordei o segundo ciclo, quando sofri uma grave queimadura por acidente. Foi marcante o período de convalescença e a superação do trauma.

Na sequência, veio o rico período de aprendizado no Colégio Salesiano. Já aos 15 anos, debutei no mundo do trabalho, no Banco dos Plantadores de Cana de Pernambuco. Em seguida, ingressei na universidade. Aos 20 anos, fui contratado pela Arthur Andersen, naquela época, uma das mais renomadas empresas de auditoria e consultoria do mundo. Aos 25 anos, fui promovido a gerente de auditoria, o que despertou o interesse de outras empresas em minhas qualificações.

Assim, aos 27 anos, ainda bem jovem, fiz minha estreia em uma tradicional rede nordestina de supermercados, o Bompreço, já em cargo de direção. Segui abrindo caminhos. Casei-me, tive filhos e assumi responsabilidades também no campo familiar.

Marcelo Silva

No Bompreço, foram 24 anos de serviços, 22 deles ao lado do empreendedor João Carlos Paes Mendonça. Então, veio a grande mudança. Aceitei o desafio de liderar o processo de reorganização e modernização da Casas Pernambucanas, em São Paulo. Foram seis anos e meio de muito suor, de mangas arregaçadas e de esforços para harmonizar a tradição e a inovação. Deu certo! E os bons resultados apareceram.

Em 2009, apresentou-se outra missão: ocupar o cargo de CEO do Magazine Luiza, uma empresa cheia de vigor e energia, que experimentava saltos de crescimento. Embarquei nessa formidável aventura. Estudei, prospectei, conversei com os colaboradores e ouvi os clientes, de forma a aprimorar uma experiência já diferenciada no varejo. De novo, sucesso! Agreguei-me a uma excelente equipe para fortalecer uma empresa reconhecida não somente como um dos melhores lugares para se trabalhar, mas também como uma rede de lojas onde as famílias podiam comprar com segurança, confiança e excelente atendimento. Nessa casa, foram quase sete anos de atividade como CEO, até que passei o bastão a um gestor da própria família controladora e assumi um cargo no Conselho de Administração.

Em 2024, completei 58 anos ininterruptos de registro laboral. Todas as minhas carteiras profissionais estão guardadas com orgulho, especialmente aquela "de menor", emitida em 1966, à qual atribuo imenso valor simbólico.

E mais uma vez decidi retribuir o que a vida me concedeu nesta feliz e produtiva trajetória. Optei justamente por compartilhar o conhecimento acumulado nessas experiências. Esta é a razão de ter escrito este novo livro.

Confesso que a escolha do tema não representou dificuldade. Atuando por décadas no Bompreço, na Pernambucanas e no Magazine Luiza, nada mais apropriado do que tratar do papel da governança corporativa e da perenização de empresas familiares.

Mas afinal, por que essa questão é relevante? Ora, porque a civilização humana tem origem justamente nas primeiras experiências de produção familiar, que ocorreram há cerca de 10 mil anos, no início

EMPRESAS FAMILIARES

do período que os historiadores chamam de Neolítico. As organizações precursoras da empresa moderna surgiram entre os séculos XI e XIV, na crise do feudalismo. É nesse período que começa a funcionar oficialmente a mais antiga corporação do mundo, a Stora Kopparberg,[1] dedicada à mineração, em Falun, na Suécia. Essa época foi marcada pelo lento renascimento comercial, pelo incremento na circulação de moedas, pelo reflorescimento dos centros urbanos e pelo surgimento da burguesia. Aos poucos, estabeleceu-se um modelo de mobilidade social. As famílias, antes sujeitas ao poder do suserano, passaram a desenvolver suas próprias atividades produtivas e a prosperar por meio do comércio.

A empresa familiar é, dessa forma, resultado de milhares de anos de evolução da sociedade, de mudanças de costumes e sistemas econômicos. Muitas das maiores corporações ainda hoje estabelecidas surgiram de experiências familiares iniciadas na Segunda Revolução Industrial, entre o período do *boom* tecnológico do século XIX e o fim da Segunda Guerra Mundial.

Vale uma incursão ilustrativa pela economia dos Estados Unidos da América, a maior do mundo. Lá, pouco depois da virada do século, segundo os estudos de Astrachan e Shanker, os negócios familiares geravam 64% do produto interno bruto (PIB), 62% dos empregos e eram responsáveis por 78% dos novos postos de trabalho.[2] Estudos da época mostravam que mais de 80% de todos os negócios nos Estados Unidos eram familiares, assim como cerca de 35% das companhias listadas na Fortune 50.[3]

---

[1] International Council on Monuments and Sites (ICOMOS) (2000), Mining Area of the Great Copper Mountain in Falun — Advisory Body Evaluation *(PDF)*, *United Nations Educational, Scientific and Cultural Organization*.

[2] Family Business Facts, The Conway Center for Family Business, https://www.familybusinesscenter.com/resources/family-business-facts/, acesso em 05/01/2022. Fonte primária: *Family Business Contribution to the US Economy: a Closer Look*, Joe Astrachan and Melissa Carey Shanker (2003), https://journals.sagepub.com/doi/pdf/10.1177/08944865030160030601.

[3] Taking the pulse of Family Business (2006), https://www.bloomberg.com/news/articles/2006-02-13/taking-the-pulse-of-family-businessbusinessweek-business-news-stock-market-and-financial-advice, acesso em 05/01/2022.

Depois de quase duas décadas de relativo vácuo informativo, esses dados foram atualizados no trabalho *Update 2021: Family Businesses' Contribution to the U.S. Economy*,[4][5] de Torsten Pieper, Franz Kellermanns e do próprio Joseph Astrachan. Passados 18 anos, a situação não se revelava fundamentalmente distinta. Eram 24,2 milhões de negócios em 2003, 89% dos negócios pagadores de impostos; em 2021, somavam 32,4 milhões, cerca de 87% dos negócios nessa categoria. Sua contribuição ao PIB ainda era imensa: 54%. Além disso, empregava 59% da força de trabalho, ou seja, 83,3 milhões de pessoas.

Ainda hoje, no mundo todo, inúmeras companhias nascem do esforço de famílias, em pequenos negócios que prosperam, desenvolvem-se e tornam-se mais complexos. São, portanto, organizações fundamentais ao crescimento econômico, à geração de empregos e à construção e manutenção do bem-estar social.

A tradição familiar gera uma perspectiva de longo prazo para essas empresas. Essa condição favorece o aprimoramento permanente de recursos humanos, a manutenção e o fortalecimento de valores, bem como uma conexão identitária entre controladores, colaboradores e clientes.

Ao mesmo tempo, porém, a perpetuidade dessas empresas frequentemente se vê ameaçada por problemas sucessórios. Para se ter uma ideia, nos Estados Unidos, apenas 30% das empresas familiares chegam à segunda geração; cerca de 12%, à terceira e aproximadamente

---

[4] Update 2021: Family Businesses' Contribution to the U.S. Economy, Torsten Pieper, Franz Kellermanns e Joseph Astrachan (Janeiro, 2021). https://familyenterpriseusa. com/wp-content/uploads/2021/02/Family-Businesses-Contribution-to-the-US-Economy_v.01272021-FINAL_4.pdf, acesso em 05/01/2022.

[5] Measuring the Financial Impact of Family Businesses on the US Economy, Daniel Van Der Vliet (2021) https://www.familybusiness.org/content/measuring-the-financial-impact-of-family-businesses-on-the-US-ec, acesso em 05/01/2022.

EMPRESAS FAMILIARES

3% à quarta. Sem alterações significativas, esses números se repetem no Brasil.[6][7]

Os controladores de empresas familiares consolidadas são fundamentais à grande máquina dos negócios, pois não passam a seus sucessores apenas bens e capital. Eles transferem também lições sobre valores e princípios, conforme estudos da Federação das Indústrias Alemãs e do Deutsche Bank sobre o segmento.[8][9] Gestores familiares tendem a encorajar seus filhos a ganhar o próprio dinheiro, a praticar a filantropia e a participar de ações sociais como voluntários.

Um trabalho acadêmico de Nicolas Kachaner, George Stalk, Jr. e Alain Bloch, de 2012,[10] elencou as maiores virtudes das empresas familiares. Não são características capazes de estabelecer regras gerais, mas evidenciam fortes tendências verificadas em países como Canadá, Estados Unidos, França, Espanha, Portugal, Itália e México. Destaco cinco desses pontos:

1) **São mais econômicas.** Suas sedes são, em geral, menos luxuosas do que aquelas das multinacionais. Todo o dinheiro auferido ganha significado. A ideia é valorizar o esforço e, portanto, todo o lucro obtido. O clã não admite desperdícios e vê com bons olhos a

---

[6] *Succession failure*, The Economist (06/02/2016), https://www.economist.com/business/2016/02/04/succession-failure, acesso em 05/01/2022.

[7] *Long-term goals, meet short-term drive Global family business*, survey 2019, Delloite Private, https://www2.deloitte.com/content/dam/Deloitte/ca/Documents/deloitte-private/ca-family-business-survey-aoda-en.pdf, acesso em 05/01/2022.

[8] Major family businesses in Germany Data, facts, potential, Spring Survey (2016), https://english.bdi.eu/media/topics/germany/publications/201505_Survey_Major_family_businesses_Data_facts_potential.pdf, acesso em 05/01/2022.

[9] Helping entrepreneurial families to flourish for a century and a half, Deutschewelt (2020), https://deutschewealth.com/en/conversations/deutsche-bank-150-years-entrepreneurial-families.html, acesso em 05/01/2022.

[10] What can you learn from family business?, Harvard Business Review, Nicolas Kachaner, George Stalk, Jr. e Alain Bloch (2012), https://hbr.org/2012/11/what-you-can-learn-from-family-business, acesso em 05/01/2022.

modéstia. Por essa conduta de prudência, são mais capazes de atravessar períodos de recessão e de abalos no mercado.

2) **São equilibradas em suas contas.** Em geral, não investem valores superiores ao montante de seus lucros. Judiciosas em seus gastos, tendem a apostar basicamente em projetos seguros, com exemplos anteriores de sucesso. Conservadoras neste campo, fracassam menos, mas perdem oportunidades de ampliar operações e de explorar áreas emergentes de negócio.

3) **Recusam o endividamento.** Associam naturalmente a dívida à fragilidade, às ameaças e ao risco. Por este motivo, protegem as finanças e não precisam realizar grandes sacrifícios em períodos de crise. Preferem confiar no caixa da empresa e evitar negociações com os bancos.

4) **Optam pelo crescimento orgânico.** Preferem parcerias e *joint ventures*, em vez de aquisições. Tendem a realizar apenas pequenas aquisições, em áreas próximas de seu *core business*. Muitas dessas ações envolvem apenas uma expansão geográfica do negócio original. São prudentes ao adquirir concorrentes porque enxergam riscos nos processos de integração e temem a contaminação da cultura corporativa vigente.

5) **São mais habilitadas a reter talentos.** Seus gestores reconhecem o benefício de manter seus colaboradores por mais tempo. Dessa forma, constroem laços mais fortes de confiança, reconhecem mais facilmente os comportamentos dos colaboradores e constituem culturas internas sólidas. Ao recusarem o padrão da alta rotatividade, trabalham para constituir alianças internas baseadas em compromissos e propósitos.

Em resumo, as empresas familiares tendem a ter culturas internas fortes, a motivar colaboradores e a construir novas lideranças. É a base para a geração de valor em negócios confiáveis, estáveis e duráveis.

EMPRESAS FAMILIARES

Há, no entanto, desafios importantes que devem ser encarados por empresas familiares de todo o mundo. No fim da década de 2010, cerca de 70% dos gestores familiares gostariam de passar o bastão para a próxima geração. Todavia, somente 30% seriam capazes de realizar a transição. O 8º. PwC Family Business Survey, de 2016, mostrou que apenas 19% das empresas brasileiras (15% no mundo) tinham em curso um plano de sucessão detalhado e organizado. A pandemia alteraria esse quadro, conforme outro estudo da própria PwC, publicado em 2022, que vamos citar no Capítulo 4 deste livro.[11]

Ao atuar em empresas familiares brasileiras, percebi que nelas ocorrem os mesmos problemas citados nos estudos acadêmicos internacionais: muitas baixam as portas prematuramente, mesmo depois de períodos de lucratividade e sucesso, enquanto outras definham porque seus gestores titulares não conseguem formar um sucessor. Também é certo que muitas não se perpetuam porque são vendidas para grandes companhias do setor. Quando isso ocorre, uma nova cultura corporativa tende a varrer aquela antes predominante.

Na década de 1980, João Carlos Paes Mendonça era presidente da Associação Brasileira de Supermercados (ABRAS), o que me permitia estabelecer contatos com empreendedores, gestores, fornecedores e até mesmo estrategistas de negócios do setor. Recordo-me de uma convenção no Riocentro, em que a palestra principal foi ministrada pelo norte-americano Michael O'Connor, especialista conceituado em assuntos do varejo, considerado um dos "papas" do setor supermercadista.

Diante dos *big bosses* brasileiros do setor naquela época, como o próprio João Carlos, Abilio Diniz, Arthur Sendas, Roberto Demeterco e tantos outros, ele iniciou sua preleção de maneira bombástica e assustadora. Previu que apenas 10% (duas, portanto)

---

[11] Pesquisa Global Sobre Empresas Familiares 2016, PwC, https://www.pwc.com.br/pt/setores-de-atividade/empresas-familiares/2017/tl_pgef_17.pdf, acesso em 05/01/2022.

das então 20 maiores empresas de supermercados do país seriam perenizadas. O'Connor não era um charlatão apocalíptico nem usava bola de cristal. Apenas se baseava na experiência pregressa dos Estados Unidos. Apresentou-nos como justificativa uma lista de empresas pujantes nas décadas de 1960 e 1970 que haviam sido vendidas, incorporadas ou simplesmente tinham baixado as portas.

Essas situações, segundo o *expert*, não tinham origem somente no processo concorrencial inerente ao capitalismo. Na verdade, respondiam a um certo darwinismo corporativo, uma seleção natural que eliminava implacavelmente os mais fracos e os menos adaptados.

Muitas empresas morriam ou perdiam suas marcas e identidades em razão de problemas de gestão estratégica, falhas no controle de estoques, descuidos na administração financeira, erros em projetos de modernização, equívocos em métodos operativos, obsolescência tecnológica, *marketing* inadequado, falta de cuidado na formação de recursos humanos e ausência de políticas de qualificação no atendimento ao cliente. Frequentemente, isso ocorria justamente por ocasião dos processos de sucessão, quando os veteranos não logravam manter a tradição e os novatos fracassavam em promover a inovação.

Ao pesquisar mais sobre o tema, pude observar um certo padrão. Os fundadores ou seus filhos, protagonistas no negócio, sentem-se onipotentes, onipresentes e oniscientes. Alguns se iludem até com a perspectiva de serem também imortais. Assim, tornam-se negligentes no que toca à necessária pedagogia de preparação dos novos gestores. Um dia, no entanto, deparam-se com a realidade. Quando o empreendedor percebe que seu tempo é finito e que a sucessão será penosa e arriscada, torna-se suscetível ao assédio dos concorrentes, especialmente os grandes *players* nacionais e globais. Temeroso de testemunhar a derrocada da companhia, aceita vendê-la e engordar sua conta bancária.

Outro fenômeno que observo nessas empresas, especialmente no ramo do varejo, é a multiplicação de problemas durante as fases

EMPRESAS FAMILIARES

de crescimento acelerado. Mais do que entraves no campo operacional, essas companhias sofrem com questões intangíveis. Há rápida erosão da cultura original, ignorância acerca de valores fundamentais, descompromisso e episódios de quebra de lealdade.

O varejo nos oferece ótimos exemplos dessas metamorfoses. Em empresas menores, o dono e sua equipe enxuta tendem a cativar o cliente. Têm tempo para oferecer-lhe atendimento personalizado. Procuram saber de suas necessidades e sugerir o produto mais adequado a cada demanda. O interesse não é somente vender, mas também fidelizar. Em empresas familiares, constitui-se uma tradição oral que estabelece parâmetros para esse atendimento cativante.

Quando a empresa cresce, a virtude do detalhe perde para o vício do volume. Em boa parte das gigantes do varejo, por exemplo, vigora a lei do "vire-se por sua conta". É difícil encontrar um funcionário que ofereça informações sobre características e propriedades de um produto. Quem compra o faz pelo preço, e não pela atenção recebida.

Na raiz dessa ilusão, encontra-se a corrida dos executivos em busca de bônus de vendas e resultados. O importante, nesses casos, é atingir metas, bater recordes e embolsar os prêmios pelo que se considera produtividade.

Em 2016, quando realizava pesquisas para este livro, recebi com pesar a notícia do falecimento, aos 94 anos, de Jack Taylor, um notável empreendedor norte-americano. Na década de 1950, ele aceitou um corte de 50% em seu salário para estabelecer uma parceria com seu chefe no setor de *leasing* de automóveis. Iniciaram com apenas oito veículos.

Pois a empresa cresceu, bem rapidamente. Em 1969, já se chamava Enterprise, uma homenagem ao porta-aviões em que Taylor serviu como militar durante a Segunda Guerra Mundial. Em 1980, sua frota era de 6 mil carros; nove anos depois, de 50 mil. Em 2021, a *holding* e suas afiliadas tinham 1,85 milhão de veículos. A empresa estava presente em mais de 90 países, tinha 9,5 mil pontos de locação, empregava 90 mil trabalhadores e investia US$ 55 milhões em projetos focados em igualdade social e racial. Ao mesmo tempo, contabilizava 17 milhões de árvores plantadas em parcerias com programas de reflorestamento.[12] [13] [14]

Mas qual foi, afinal, o segredo desse sucesso? Segundo o empreendedor, cuidando dos colaboradores e dos clientes, em ações balizadas por valores inegociáveis, ele não precisava se preocupar com o chamado *bottom line*, ou seja, com o resultado final. Seu lucro, na ponta do processo, era certo e inevitável.

Taylor valorizava tremendamente a sua comunidade, o que lhe garantiu boa reputação e máxima confiabilidade. Parte de sua fortuna foi investida em atividades não lucrativas. Concedeu, por exemplo, 40 milhões de dólares para a St. Louis Symphony Orchestra. Doações para outras instituições e entidades caritativas da região somaram outros 92,5 milhões de dólares.

Além disso, Taylor foi capaz de formar um sucessor familiar capaz e interessado no negócio. Em 2023, administrada por sua neta, Chrissy Taylor, o negócio alcançou receita global de 35 bilhões de dólares. Ela seguia a linha do avô e do pai, Andy Taylor, ex-CEO, no fortalecimento do negócio. Investia, sobretudo, em pessoas, nos colaboradores e nos clientes.

Esses *cases* nos ensinam que valores são fundamentais à consolidação de negócios, especialmente em organizações familiares. Empresas sem valores podem até apresentar resultados, mas não para sempre. A rotatividade de clientes pode manter as receitas por um determinado período, mas em algum momento a ausência ou o

---

[12] Financial Information, https://www.enterpriseholdings.com/en/financial-information. html, acesso em 20/12/2023.

[13] Enterprise Holdings pledges $120M to racial equity, hunger organizations, St. Louis Business Journal (2020) https://www.bizjournals.com/stlouis/news/2020/11/23/enterprise-pledges-120m-to-racial-equity-hunger.html, acesso em 05/01/2022.

[14] Corporate and Social Responsibility https://www.enterprisemobility.com/news-stories/news-stories-archive/2022/10/enterprise-partners-with-arbor-day-foundation-on-urban-tree-initiative.html, acesso em 20/12/2023.

EMPRESAS FAMILIARES

abandono do conceito dos valores cobrará seu preço. Vêm a estagnação, a decadência, a crise e, muitas vezes, o fim.

Empresas que cultivam valores podem, evidentemente, tropeçar e enfrentar dificuldades. No entanto, se logram manter o bom conceito, são capazes de se reciclar e dar a volta por cima. Curiosamente, as corporações que respeitam tradições são justamente aquelas que oferecem melhor pavimento para as inovações. Companhias realmente inventivas e vibrantes têm como trampolim um passado conhecido e respeitado.

O Bompreço, no qual atuei por muito tempo, era pautado justamente por esses valores, conduzidos pela tradição familiar. Entre seus lemas principais, destacava este: "faça melhor, faça bonito, faça Bompreço".

Essa ideia se traduzia em um serviço de alta qualidade. Havia bom sortimento de produtos, agilidade e ótimo atendimento, o que naturalmente sensibilizava o cliente. Assim, para significativa parte dos nordestinos, a expressão "fazer Bompreço" equivalia a fazer compras em qualquer supermercado. Era uma metonímia que nos fazia muito orgulhosos.

No ano 2000, no entanto, a empresa foi vendida para os holandeses da Royal Ahold, e parte desses valores se perdeu. Certa vez, após o fechamento de um primeiro trimestre, a empresa percebeu que não cumpriria seu *budget*. A solução encontrada foi revisar a margem de contribuição bruta de vários produtos. Dessa forma, os preços de seções inteiras foram subitamente alterados.

Ora, considero que *pricing* seja a gestão inteligente de preços, realizada com respeito à matemática financeira. Naquela ocasião, entretanto, a empresa se equivocou. Faltaram sensatez e ponderação.

Numa tarde ensolarada, minha esposa foi a um supermercado da rede e perguntou sobre glicose de milho, o "mel" da famosa marca Karo. Em um trocadilho feliz (ou infeliz), o próprio atendente apontou para a seção e disparou: "ah, minha senhora, aqui tudo é caro".

Evidentemente, os clientes também perceberam a majoração de preços. E o impacto mostrou-se bastante negativo. Uma vez afamada

Marcelo Silva

como careira, uma empresa do varejo enfrenta enorme dificuldade para livrar-se desse incômodo e danoso rótulo.

O bom e antigo Bompreço, empresa nacional de referência em seu ramo, sofreu com o processo da mudança, assim como muitas outras companhias que construíram dourada reputação baseada nos valores cultivados na gestão familiar.

Neste livro, trato deste e de outros casos relevantes na construção de uma narrativa sobre o papel da governança na perenização das empresas familiares.

Creio que, desta forma, poderei contribuir para estabelecer pontes entre o pensamento acadêmico e o saber da experiência vivida. Considero que este conteúdo será útil aos pesquisadores da área, aos estudantes da ciência da Administração e aos gestores de empresas familiares, especialmente aqueles pequenos e médios empreendedores que buscam consolidar e ampliar seus negócios. Espero que estes últimos, em particular, possam se beneficiar dessas análises e desenvolver projetos de longo prazo, marcados por crescimento saudável e sustentável em suas organizações.

Em 2014, quando decidi fazer um trabalho de *coaching* para clarificar os pensamentos sobre o meu novo ciclo de vida, o profissional que se encarregou da tarefa me perguntou:

"Qual é o teu propósito daqui para frente, depois de deixar essa vida de executivo?"

Depois de meditar muito, escrevi um parágrafo sucinto, mas que se compôs sem prejuízo da clareza:

"Quero servir e compartilhar com os mais jovens, sejam estudantes ou pequenos e médios empresários, minha experiência de vida. Passo à frente um conhecimento que recebi de outros, de pessoas que participaram de minha jornada profissional."

* * *

Ao lançar este livro, em 2024, conto 73 anos de vida e 58 de trabalho. Sei que tudo que recebi veio da sociedade, especialmente do "Seu José" e da "Dona Maria", esses brasileiros que trabalham duro e fazem girar a roda da economia. É hora de retribuir. E será compartilhando minha experiência. Que possamos, assim, constituir empresas melhores, mais ágeis, mais qualificadas, mais humanas, mais íntegras, que gerem resultados preservando seus valores. É tarefa dignificante. Comecemos!

2

GÊNESE

A magia e o carisma do fundador

—

Em meu livro *Gente não é Salame*,[15] trato de forma especial dos fundadores de empresas. Considero-os empreendedores puros, agentes de grande relevo no desenvolvimento de negócios, no fortalecimento da economia e na transformação da sociedade.

Corajosos e audaciosos, eles frequentemente começam por baixo, com uma vocação, uma capacidade e um sonho. Expõem-se ao risco e, como regra, enfrentam a incredulidade das pessoas próximas, a resistência dos mercados e a indiferença de clientes e consumidores. São gratas exceções. Não somente pensam fora da caixa como redesenham a própria caixa e redefinem seus propósitos.

Eles parecem iniciados nas artes da magia porque logram constituir negócios que, aos demais, se apresentam como inviáveis e até mesmo impossíveis. Identificando demandas latentes do mercado, eles enxergam o que se oculta na invisibilidade diante de outras pessoas. Como virtude primordial, exercem seu carisma sobre colaboradores, fornecedores e consumidores. Seduzem ao lançar produtos e serviços. Conquistam corações e mentes ao abrir as portas para um futuro de oportunidades. Fundar uma empresa e consolidá-la é, de fato, uma façanha de poucos iluminados.

---

[15] *Gente não é Salame*; Silva, Marcelo, São Paulo; Clio Editora (2009).

Marcelo Silva

Muitos desses pioneiros vivenciam essas aventuras justamente no campo do varejo, no qual atuo desde 1978. O Brasil nos oferece brilhantes exemplos. É o caso de Manoel Sendas, o português que, em meados da década de 1930, fundou um comércio depois continuado e fortalecido por seu filho Arthur Sendas.[16] Ao montar sua doceria, em 1948, Valentim Diniz ofereceu pavimento à empresa supermercadista que seria administrada, consolidada e ampliada por seus filhos, especialmente por Abilio Diniz.[17] Em 1935, Pedro Paes Mendonça abriu uma mercearia em Serra do Machado. Depois, iniciou uma loja em Aracaju. O negócio cresceu com seu filho, João Carlos Paes Mendonça, o grande gestor por trás do grupo Bompreço. Em 1957, Dona Luiza criou uma loja, em Franca, no interior paulista. O empreendimento prosperou. E a sobrinha Luiza Helena o transformou nesse gigante que é, hoje, o Magazine Luiza. Trata-se de uma obra que é continuada por Frederico Trajano, filho de Luiza Helena, atual CEO da empresa. Você, leitor, verá que essa história de sucessão será contada mais à frente.

O leitor verá que são, a princípio, negócios pequenos, mas bem gerenciados, cuja gestão competente permite que se expandam. Em todos eles, há também um processo de sucessão bem realizado, em que o conhecimento adquirido é repassado ao herdeiro. Este, por sua vez, absorve conhecimento, valoriza a tradição, aprimora a experiência e moderniza processos, produtos, serviços, sistemas de distribuição e modelos de comercialização.

Mas qual é a fonte primeira da inspiração? É o fundador. Ainda que presente somente na memória da corporação, ele define

---

[16] Fundador da rede Sendas morre no Rio; empresário assumiu negócios da família aos 17 anos, Folha de S. Paulo (20/10/2008), https://www1.folha.uol.com.br/cotidiano/2008/10/458121-fundador-da-rede-sendas-morre-no-rio-empresario-assumiu-negocios-da-familia-aos-17-anos.shtml, acesso em 05/01/2021.

[17] Morre Valentim Diniz, que fundou o Grupo Pão de Açúcar, O Globo (17/03/2008) — Atualizado em 10/01/2012, https://oglobo.globo.com/economia/morre-valentim-diniz-que-fundou-grupo-pao-de-acucar-3623534, acesso em 05/01/2022.

EMPRESAS FAMILIARES

valores, estabelece conceitos, constitui uma cultura e determina o porquê do negócio.

É curioso acompanhar os relatos históricos dessas empresas. Normalmente, o fundador começa sozinho, testando, errando, inventando, improvisando, testando mais uma vez, até acertar. Neste ponto, o negócio cresce, mas ele ainda não tem condições de agregar à equipe um grupo de profissionais. Assim, muitas vezes é obrigado a recorrer às pessoas da família.

Se o parceiro ou empregado é um filho, esposo ou irmão, ele tem mais liberdade para ousar, experimentar e errar. Nessas relações, geralmente não há salário combinado e outras obrigações trabalhistas. O parente é um parceiro com o qual compartilha ganhos e eventualmente prejuízos. Outro detalhe: em sistemas de gestão precários é preciso ter pessoas de confiança, nas compras, nas vendas e no controle financeiro.

Depois que a empresa se estrutura e se consolida, aí sim os fundadores buscam os profissionais especializados. São eles que oferecem o *know-how* técnico que serve de base para o crescimento. Eles instalam e operam máquinas, aperfeiçoam processos, conduzem rotinas e transformam em padrão os diferenciais que valorizam a marca. É o caso de uma doceria que precisa produzir mais queijadinhas e bombas de chocolate, mas sem perder a qualidade introduzida pelo dono do negócio, cuja produção diária artesanal já não é capaz de atender à demanda.

Nesses casos, a empresa prospera quando o dono é capaz, sobretudo, de converter os novos colaboradores à sua "causa". No caso de uma confeitaria, por exemplo, é quando os inspira a produzir os mais saborosos doces, aqueles que farão felizes os consumidores, que serão convertidos em clientes e garantirão as vendas, as receitas e o lucro que pagará os salários.

Nesta fase de profissionalização das empresas, ocorrem os primeiros conflitos, normalmente entre os parentes e os colaboradores externos. "Caramba, mãe, mas comprávamos a farinha do Seu Mauro; e esse gerente novo quer trazê-la diretamente da fábrica", reclama uma herdeira. "Ah, pai, mas sempre embalamos o doce no papel de seda; por que agora cismaram de botar em caixinhas?", protesta outro. Em empresas maiores, a reclamação pode vir de um neto do fundador. Ele discorda do alto investimento proposto por um novo diretor em processos inovadores de gestão de estoque ou de modernização da estrutura logística. Em sua visão, os modelos vigentes são capazes de atender às demandas.

Em um primeiro momento, esses empregados são vistos como se intrusos fossem, ou seja, pessoas que tentam quebrar a harmonia interna, subverter a ordem e desrespeitar a hierarquia. Não têm o mesmo sobrenome e, por conseguinte, são considerados "de fora", não comprometidos com os valores consagrados pela tradição familiar.

É nesse momento que os fundadores têm um papel decisivo na consolidação do sonho. Precisam gerar compatibilidade entre a história da empresa e o processo de modernização das operações. Devem patrocinar alianças entre os parentes e aqueles que foram contratados no mercado.

Se não tiver habilidade, bom senso e diplomacia, o fundador pode constituir uma torre de babel, um caos de comunicação. Afinal, os profissionais de fora importam culturas de outras empresas e podem agir internamente de acordo com esses parâmetros.

Cabe aqui frisar um conceito. Esse conflito normalmente ocorre entre os herdeiros, ou seja, a segunda geração e os ingressantes na empresa. Muitas vezes, explodem quando um filho se sente desautorizado perante um funcionário contratado. Afinal, ele ajudou a construir o negócio, tem laços de sangue com o fundador e não admite ser contrariado por alguém que não carrega seu sobrenome.

Essa reflexão leva a uma segunda constatação importante. Em geral, é a segunda geração que faz o negócio se ampliar. Primeiramente porque ela parte de um patamar seguro: já tem o conhecimento adquirido, alguma clientela e uma base de recursos que sustenta a modernização. Em segundo lugar, porque ela

EMPRESAS FAMILIARES

frequentemente pode preparar-se melhor para a gestão do negócio. Criada em um ambiente estável, pode estudar, pesquisar e buscar informações fora da empresa familiar.

Há inúmeros casos no Brasil. Já citamos a Casas Sendas, pois o empreendimento se agigantou mesmo com Arthur Sendas, filho do fundador. Quem começou o negócio da família Zaffari, em 1935, foi o patriarca Francisco, auxiliado pela esposa, Santina de Carli, que faleceu aos 102 anos, em 2018, mas foram os filhos que ampliaram o negócio. Passados 89 anos, a gestão do bem-sucedido empreendimento está a cargo dos netos.[18]

Outro exemplo digno de referência é o das Lojas Riachuelo, do Grupo Guararapes Confecções. A empresa iniciou suas atividades em 1947, com a loja de vestuário A Capital, em Natal (RN), um empreendimento dos irmãos Nevaldo e Newton Rocha. No início da década de 1950, a empresa montou uma pequena oficina industrial no Recife (PE) e começou a multiplicar seus pontos de venda. Foi, no entanto, Flávio Gurgel Rocha, filho de Nevaldo, quem mais se destacou à frente da companhia. CEO da Riachuelo e da Midway Financeira, entre 2008 e 2018, expandiu fortemente o negócio. Para isso, contou com o suporte de irmãos atuantes diretamente na empresa e como membros do Conselho de Administração. Nesse período, o número de lojas da rede no país passou de 100 para 300. (*Veja histórico da empresa na página 227.*[19])

Já analisamos, portanto, o desafio de mesclar a operação familiar àquela conduzida pelo pessoal externo. Quando o desafio é superado, surge outro: a sucessão. Em boa parte das vezes, os sucedidos acreditam que os sucessores não estão adequadamente preparados para assumir o comando. Eles se esquecem de que

---

[18] Grupo Zaffari comemora 77 anos, Grupo Zaffari, http://www2.zaffari.com.br/ler-novidade/grupo-zaffari-comemora-77-anos/, acesso em 05/01/2022.

[19] Grupo Guararapes, https://www.riachuelo.com.br/a-empresa/grupo-guararapes, acesso em 05/01/2022.

Marcelo Silva

começaram ainda jovens, eram inexperientes e que colecionaram equívocos pelo caminho. Ignoram que se educaram para o acerto justamente ao errar e flertar com o fracasso.

Há, pois, uma reação natural à perda de poder. O fundador é umbilicalmente ligado à empresa a ponto de equipará-la a um filho. Não quer abandoná-la, por insegurança, por amor, por acreditar que ela não sobreviverá sem a sua supervisão, sem o seu cuidado.

Como ninguém vive para sempre, a sucessão ocorrerá, mais cedo ou mais tarde. Portanto, se a ideia é perenizar o projeto, é preciso planejar a passagem do bastão. Muitas vezes, esses fundadores necessitam de um conselheiro ou de um *coach*. Precisam entender que foram importantes para a organização, que cumpriram a missão, mas que devem abrir caminho aos mais jovens. Somente eles podem fazer com que o sonho sobreviva.

Muitas vezes, pai e filho podem se dar muito bem. Divertem-se juntos nos esportes, viajam nas férias e compartilham dos mesmos gostos. Não conseguem, no entanto, se entender no que se refere ao futuro da empresa. Divergem quanto a métodos, conceitos e finalidades. Neste caso, pode ser fundamental a intervenção de um profissional de fora da família, que apare arestas, concilie interesses e patrocine um acordo.

Outro entrave relevante nestes processos ocorre no campo da interdição de gênero. Explico melhor oferecendo um exemplo de minha própria família. Um tio, irmão de minha mãe, tinha vários engenhos de cana-de-açúcar. Quando um filho se casava, ele o presenteava com um engenho: "ah, este aqui é seu, para você tomar conta". Outro filho constituía família e ele repetia o ritual. Nunca foi generoso dessa forma com as filhas. Por quê? Porque considerava que genro não era parente. Sua ideia era dar o engenho para um homem de sua estirpe tomar conta, para aquele que podia perpetuar seu sobrenome. Era o *mindset* da época, principalmente dos homens do interior, da agricultura. Hoje, a realidade é distinta, e já são muitas as mulheres protagonistas nas empresas. Quando

EMPRESAS FAMILIARES

tratamos de sucessão e gestão de negócios, porém, ainda temos muito a evoluir no tocante à igualdade de gênero.

Nessa antiga visão, aliás, mulher era para procriar, tomar conta das crianças, lavar, passar, costurar e fazer comida. Nos clãs mais abastados, a esposa, no máximo, administrava a vida doméstica, ou seja, cuidava daqueles que executavam os serviços domésticos. No tempo de meu tio, pouquíssimas mulheres trabalhavam fora de casa.

Esse padrão se alterou radicalmente nas últimas décadas, especialmente nas áreas urbanas. Logicamente, ainda existe discriminação, nem sempre os salários são equivalentes aos dos homens e a trilha até os cargos de chefia continua pedregosa. O mesmo se passou e se passa com as herdeiras em empresas familiares. Muitas vezes, o fundador escolhe um sucessor, um filho homem, quando a figura mais habilitada é uma filha, sobrinha ou neta.

É preciso destacar que as mulheres são cada vez mais participativas nas empresas familiares, assumindo posições destacadas de liderança. Segundo os estudos sobre o tema, a presença feminina em cargos de liderança torna a família mais leal ao negócio, aumenta o grau de concordância em torno de metas e gera um orgulho maior da atividade desenvolvida. Nas companhias lideradas por mulheres também há menos atritos entre os membros da família.

O avanço civilizatório e o desenvolvimento da ciência da Administração apontam para a valorização do mérito. As pessoas precisam ser classificadas por virtudes como capacidade, honestidade e empenho, e não pelo gênero, pela etnia ou por sua orientação sexual. Essas características nada importam no processo de condução de uma empresa. No Magazine Luiza, a questão do mérito tem sido fundamental. São premiados e promovidos aqueles que aprendem, desenvolvem-se e agregam valor à corporação. Não importa se são brancos, negros, orientais, mulheres, homens, *gays*, heterossexuais, evangélicos, budistas, palmeirenses ou corintianos.

No caso desta empresa, a experiência é única no Brasil. O negócio teve início com uma mulher e foi desenvolvida e ampliada por outra mulher. E essa transição ocorreu justamente em um ambiente familiar.

O sobrenome como selo

Há hoje um raciocínio disruptivo na área da gestão. Já me indagaram: "por que, afinal, tem que passar de geração em geração?". Antigamente, esse questionamento era inexistente. Ninguém pensava em ver o império Matarazzo sob o controle de outro empreendedor ou de um fundo de pensão. Tampouco se imaginava que a Companhia Docas de Santos e o Copacabana Palace pudessem desviar-se das mãos de um membro da família Guinle.

É evidente que uma empresa sólida, eventualmente, pode extinguir o controle familiar. No entanto, considero que, quando distante de um sobrenome, a empresa perde seu DNA. Mudam-se os valores, a cultura, a missão e o tipo de relacionamento estabelecido com os *stakeholders*. Já citamos aqui o exemplo do Bompreço, que tinha uma tradição de bom atendimento e uma identificação fortíssima com o consumidor. Pois essa cultura foi se deteriorando depois que foi adquirido pelos holandeses da Royal Ahold. Hoje, não existe mais.

Dos holandeses, a empresa passou para o Walmart que a vendeu para um *private equity* norte-americano, o Advent International. O Grupo Big, resultante desse rearranjo, concluiu, em 2022, um acordo de venda para o Grupo Carrefour. Parte das lojas funciona nas mesmas estruturas físicas, mas certamente se evaporou o conceito que fez a companhia ser admirada pelos nordestinos.

Vejamos um exemplo. Em 1969, o Bompreço lançou o Cartão Fidelidade para gerar comodidade e segurança nos pagamentos com cheque. Em 1982, mudou sua denominação para Cartão Hiper e passou a oferecer crédito rotativo aos clientes.

EMPRESAS FAMILIARES

O Bompreço franqueou, então, seu uso aos proprietários dos *malls* estabelecidos dentro de suas unidades. Depois, permitiu que fossem utilizados por esses parceiros em suas lojas fora do supermercado. Logo, outros comerciantes pleitearam essa mesma facilidade e foram atendidos. Em 1991, esse facilitador de compras passou a se chamar HiperCard. Dois anos depois, tornou-se um cartão de crédito convencional, que alcançou imensa popularidade no Nordeste. Só não era aceito em outros supermercados, porque facilitaria a estratégia de concorrentes diretos.

Quando da venda do Bompreço, ouvi: "olha, a gente não vai comprar o HiperCard porque cartão de crédito não é o nosso negócio". Retruquei: "mas as empresas Bompreço e HiperCard são irmãs siamesas e vocês podem provocar danos irreparáveis ao tentar separá-las". Sem ser incluído na negociação, o HiperCard foi adquirido, em 2004, pelo Unibanco. Não tardou para que os novos controladores do Bompreço percebessem que haviam perdido o cartão que agregava a base da clientela.

Em 2010, já sob controle do Walmart, que a havia adquirido dos holandeses da Royal Ahold, a empresa se desfez do BomClube, um programa de fidelização criado em 1996 que contava com aproximadamente 4,5 milhões de associados. O fim do programa eliminou parcerias com a Livraria Cultura, a Oi, a TAM e os postos Ipiranga, entre outras empresas. Os novos donos viam o programa de fidelização como custo. Na verdade, era um ativo básico e necessário, especialmente com o aprofundamento da revolução digital no ambiente de vendas. Jogaram fora.

O Bloco da Parceria, criado em 1992, era um grupo que reunia a comunidade de trabalho do Bompreço para um desfile no domingo que precedia o Carnaval. Os cortejos eram realizados no Recife e também em Aracaju, Maceió, João Pessoa, Campina Grande e Salvador. Juntavam milhares de pessoas em uma alegre confraternização que exprimia a cultura da empresa e valorizava sua marca. Pois também foi extinto depois que a família de João Carlos Paes Mendonça vendeu o negócio.

Marcelo Silva

Em tempos recentes, andamos para trás neste campo. Muitas empresas do varejo se tornaram menos amistosas, menos inventivas e menos capazes de fidelizar sua base de clientes. A crise que se abateu sobre o país, no meio da década de 2010, obrigou os gestores do setor a buscarem novas formas de conquistar o coração dos clientes. Os esforços nesse sentido, entretanto, nem sempre lograram êxito. As pessoas percebem quando essas ações não fazem parte da cultura das companhias. Sabem quando são ações fugazes, emergenciais e até mesmo oportunistas, destinadas somente a alavancar vendas no curto prazo.

Esses casos ilustram meu pensamento sobre o tema. Quando se extingue a cultura do clã fundador, desaparecem também os produtos, serviços e processos que representam o espírito da empresa. Perde-se o que é autêntico. Perdem-se os valores que sustentam toda a atividade empreendedora.

Pela vivência, a família fundadora e controladora é capaz de ligar os pontos, de saber por qual motivo tal iniciativa é relevante e qual é seu impacto nos negócios gerais da empresa. Os novos proprietários nem sempre têm essa visão e essa sensibilidade. Guiados pela frieza de números e estatísticas, são incapazes de compreender essa teia de relações.

Há um conflito comum quando empresas familiares abrem o capital e ganham acionistas. Os membros da família tendem a projetar um investimento máximo na companhia, porque pretendem preservar e aumentar o patrimônio. Lá dentro, eles têm salários, bônus e procuram distribuir o mínimo possível de dividendos. Os de fora não têm esses ganhos fixos e não conseguem perceber o benefício desses investimentos de médio ou longo prazo. Portanto, querem resultados e dividendos. Querem tirar da empresa e fazer prosperar seus próprios negócios. É natural que assim seja.

Então, o que a vida me ensinou? Procure amarrar as pontas, todas as pontas. Minha avó era uma excelente crocheteira. Passava o dia inteiro com uma agulha e um fio. O que aprendi ao observá-la? Ponta

EMPRESAS FAMILIARES

desamarrada dava problema. Puxa-se o fio errado e se atrapalha a trama, prejudica-se a peça toda.

Citei a Royal Ahold neste capítulo, mas vale uma referência positiva a essa antiga corporação. Ela surgiu em 1887, em Oostzaan, na Holanda, pelas mãos do jovem Albert Heijn. Ele ofereceu exemplos espetaculares de dedicação ao negócio, motivando as gerações seguintes da família. Não importava o que fizessem, tampouco como fizessem. O importante é que valorizavam o patrimônio do clã, zelavam por ele e faziam com que se desenvolvesse mais e mais.

Sob a liderança de seus netos, Albert e Gerrit, a empresa continuou a definir os rumos dos negócios do varejo na Holanda, controlando a rede de supermercados Albert Heijn. Em 1952, a companhia rompeu paradigmas, por exemplo, ao iniciar o autosserviço, ou seja, pela primeira vez o cliente não era atendido diretamente por um funcionário, mas podia examinar e escolher os produtos.

Albert Heijn, como empresa, influenciou os consumidores e seus hábitos privados. Popularizou vinhos e difundiu o consumo de frutas que não eram conhecidas dos holandeses. Criou a ideia de itens de conveniência, fundamentais à sobrevivência no mundo moderno. Convenceu os clientes, por exemplo, a acondicionar alimentos prontos no refrigerador para consumo rápido antes ou depois da jornada de trabalho. No fim de 2023, a empresa tinha 7.659 lojas em 10 países, com 414 mil associados, atendendo semanalmente a 60 milhões de clientes.[20]

Os fundadores plantam sementes e adubam a terra. Depois, cuidam das mudas. Regam as plantinhas e zelam para que ofereçam bons frutos que, um dia, gerarão novas sementes, realimentando o ciclo.

O Magazine Luiza oferece um exemplo de espetacular experiência familiar, bem moldada desde o início. Luiza Trajano Donato, a fundadora, dizia aos vendedores: "não deixe o cliente sair da loja sem comprar, porque ele pode cair na calçada, quebrar a perna e não

---

[20] About Ahold Delhaize, https://www.aholddelhaize.com/about/, acesso em 20/12/2023.

voltar". Óbvio que ela não pretendia empurrar nada de que o visitante não necessitasse. Tampouco buscava endividar alguém incapaz de efetuar a compra. Seu incentivo era para que os funcionários se empenhassem em auxiliar aquele que visitava o estabelecimento, oferecendo-lhe o produto certo, no preço adequado. Era essa uma forma de colaboração ativa para melhorar a vida do cliente.

Essa conduta inspiradora e responsável foi mantida e incrementada pela sobrinha que a sucedeu, Luiza Helena, e pelo filho desta, Frederico Trajano. O lema do Magazine é: "faça aos outros o que gostaria que fizessem a você". Não existe na empresa, aquele empurra produto", característica de algumas empresas do ramo. Não existe o "venda o que puder, custe o que custar". Existe, sim, a projeção no cliente, a valorização de suas aspirações, o interesse em contemplar seus meios de pagamento e a atenção à demanda por prazo curto no frete. Se a venda é bem planejada e realizada, algo muda para melhor na vida do cliente. Quando ele percebe esse benefício, estabelece-se uma relação de confiança. E ele naturalmente volta, compra e fortalece o vínculo com a empresa.

O exemplo da tia Luiza está presente também nas relações internas entre as pessoas. Não há na empresa a competição do "puxar o tapete". Há um saudável espírito de competição com os concorrentes. Dentro, no entanto, incentiva-se a colaboração para que todos vendam mais e se beneficiem coletivamente do incremento dos negócios. Respeita-se o *fair play*. Quem burlar as regras será advertido. Quem persistir no erro certamente será afastado do grupo, porque a empresa cultiva como inegociável o valor da integridade.

O Magazine Luiza é uma empresa feita para durar. E isso, obviamente, tem muito a ver com o trabalho sério e a dedicação de seus atuais gestores. No entanto, é uma obra que começou muito bem, com todos os ingredientes do sucesso, lá atrás, no modesto comércio da Tia Luiza, em Franca. É assim no mundo todo. Muitas das melhores e mais sólidas empresas estão calcadas nos alicerces dos fundadores.

EMPRESAS FAMILIARES

Eles são os engenheiros responsáveis pelas fundações do edifício dos negócios. Quando são responsáveis, determinados e capazes, solidificam o pavimento, prendem-no diretamente à rocha com tenazes inquebrantáveis. Constroem, desde as profundezas, o prédio dos sonhos que resiste aos terremotos e inundações, que suporta o peso de mais e mais andares, que respeita na forma e no conteúdo o desenho original do bom empreendedorismo.

3

SUCESSÃO

Como perpetuar o sonho

—

Convém destacar que, do ponto de vista acadêmico, não existe tanto material aprofundado sobre a sucessão em empresas familiares. No Brasil, há diversos estudos sobre casos isolados, mas que raramente estabelecem comparações e identificam padrões de transição.

Mesmo nos Estados Unidos, esse tipo de estudo ainda representa um campo em desenvolvimento. Lá, as primeiras pesquisas com algum grau de detalhamento, ainda que rudimentares, foram iniciadas na década de 1950, quando se finalizava o reinado dos grandes empreendedores que triunfaram antes da Segunda Guerra Mundial, e se sofisticaram na década seguinte.

Mas por que nessa época? Porque ali se marcava o início de uma mudança relevante nos modos de produção, em que o sistema do relógio taylorista paulatinamente cedia espaço à organização colaborativa em módulos industriais inteligentes, cada vez mais automatizados. Nesse novo contexto, o pensamento estratégico e criativo começava, de fato, a valer mais do que a força bruta.

Havia outro motivo para se estudar o fenômeno. Muitos dos filhos e netos de destacados homens de negócio não se sensibilizavam mais com a luta pela sobrevivência e pela aceitação social, fator que marcou principalmente as gerações dos primeiros imigrantes. Ao mesmo tempo, esses jovens passaram a questionar a busca da riqueza

Marcelo Silva

e os valores tradicionais da sociedade capitalista. A chamada "contra-cultura" questionou crenças cristalizadas, estabeleceu a dúvida como motor da história e, com certeza, enfraqueceu o poder patriarcal.

Afinal, para que trabalhar, trabalhar e trabalhar se a vida poderia ser perdida num segundo em uma batalha na selva úmida do Vietnã?

No Brasil, o processo de ruptura se repete, mas com características próprias, notadamente a partir da década de 1970, quando vários conglomerados familiares de negócios passaram a enfrentar o desafio da sucessão sob novos paradigmas culturais.

Muitas empresas criadas e consolidadas por imigrantes procuravam desesperadamente meios para estabelecer a liderança dos representantes da terceira ou quarta geração. Muitos deles vinham de berços de ouro e tinham outras prioridades de vida.

É o caso, por exemplo, de um famoso *socialite*, cujos propósitos e interesses muito diferiam daqueles de seu avô, um imigrante italiano, empresário bem-sucedido, e de seu pai, que geriu empresas de fiação, usinas de açúcar, fábricas de bebida, um curtume, fazendas e negócios imobiliários.

Outro exemplo brasileiro de transição complicada: as fábricas Matarazzo, fundadas pelo imigrante italiano Francesco Matarazzo, que já haviam composto o maior complexo industrial da América Latina. O império crescera tremendamente sob a batuta do segundo na dinastia, Francisco Matarazzo Júnior, o Conde Chiquinho, que comandou as empresas por 40 anos, até falecer em 1977.

A gestão da terceira geração foi tensa e tumultuada, com desavenças entre os herdeiros. A arrecadação caiu e as dívidas se acumularam. Não havia liderança capaz de estabelecer acordos e reavivar a companhia, que foi obrigada a queimar vários de seus ativos. No fim dos anos 1980, sob o comando da neta do fundador, a empresa pediu concordata e se desfez.[21]

---

[21] O maior do Brasil, um dos maiores do mundo, Nelson Blecher, Revista Exame (18/02/2011), https://exame.abril.com.br/revista-exame/o-maior-do-brasil-um-dos-maiores-do-mundo-m0051565/, acesso em 05/01/2022.

EMPRESAS FAMILIARES

No Brasil, datam dos anos 1990 os primeiros estudos mais detalhados sobre a sucessão em empresas familiares, ainda que, como já citado, produzidos quase sempre com foco em casos isolados. Se há dados qualitativos, falta a pesquisa quantitativa, especialmente aquela capaz de cruzar informações de diferentes empresas ou de avaliar o desenvolvimento corporativo na linha temporal da economia.

Ainda assim, estudos de consultorias como Ernst & Young e McKinsey mostram que, no contexto global, somente cerca de 5% das empresas familiares chegam à terceira geração.

Nas linhas abaixo, gostaria de expor algumas percepções que explicam esse fenômeno. Começo lembrando que todos nós envelhecemos, naturalmente. E os *founders* das grandes empresas, não importa o êxito de suas obras, também amadurecem e envelhecem, seguindo o curso normal da existência.

Não obstante seus talentos e esforços, esses empreendedores são frequentemente responsáveis pelos tropeços nos processos de transição. Em primeiro lugar, porque, repetindo, se consideram onipotentes, onipresentes e oniscientes, resultado da autoavaliação acrítica que frequentemente se estabelece com aqueles que alcançam o sucesso.

Esses valorosos empreendedores iludem-se também com o sonho da imortalidade. Consideram que ainda viverão muito mais e que serão líderes máximos da companhia por longo tempo. Autossuficientes, acreditam que, sozinhos, podem sempre dar conta do recado. Paralelamente, julgam saber absolutamente tudo sobre a empresa e também sobre o mercado em que atuam. Se assim pensam, creem firmemente que estão imunes à prática do erro.

Exponho abaixo um resumo do vício de pensamento padrão dessas figuras, tão virtuosas e, ao mesmo tempo, geradoras de ameaças à sobrevivência da corporação:

Não tem ninguém que possa me substituir à altura. Ainda tenho lenha para queimar. Conheço tudo aqui. Afinal, eu sou o cara que criou esta empresa. Ela chegou a este patamar graças a mim. E não sei se meu filho está preparado para assumir o comando. Está muito verde ainda.

Dessa forma, ele também se esquece de que começou muito cedo e que, por muito tempo, foi guiado pela intuição, errando e acertando, sem conhecer perfeitamente o mapa do território por onde trafegava.

Muitas vezes, de repente, a vida prega lições de humildade a esses líderes poderosos. Está lá o velho mandão, julgando-se eterno e, sem aviso, a natureza o adverte sobre a finitude. É uma dor lancinante no peito ou uma parte do rosto que subitamente começa a formigar. Nessa hora, enquanto solicita socorro, mortifica-se por não ter preparado adequadamente a sucessão.

É importante destacar que não basta ao líder ensinar, treinar e capacitar um sucessor. Ele precisa também se preparar para passar o bastão, para experimentar o desapego.

Trata-se de uma conversão, de um processo psicológico em que ele considera a brevidade da própria existência, faz um balanço de seu trabalho, identifica seus erros e acertos, produz um inventário de seu legado, pensa naqueles que ficarão após sua partida e, com generosidade, torna-se um professor ou mentor.

Esse conceito vale para os empreendedores familiares e também para os gestores profissionais. Conto o meu caso pessoal. Após seis anos e meio como CEO do Magazine Luiza, percebi que estava chegando o momento em que era necessário concluir a minha própria sucessão, conforme compromisso assumido com Luiza Helena Trajano, a dona do negócio, por ocasião da minha contratação. Eu precisava, sobretudo, avaliar quais impactos essa mudança teria em minha própria vida. Assim, tratei das dimensões psicológica, financeira e pedagógica da transição. E, para isso, contratei um *coach*, que muito me auxiliou a planejar todo o processo.

Esse projeto de transferência de funções e responsabilidades alcançou grande êxito, permitindo à empresa continuar em sua escalada de crescimento. Mas foi, obviamente, suado, exigindo máximo empenho de sucedido e sucessor.

Muitos gestores em fim de carreira imaginam que tudo é resolvido quando se coloca o herdeiro para trabalhar em várias áreas da

EMPRESAS FAMILIARES

empresa. Sem dúvida, é fundamental que esse sucessor conheça a operação, entenda de finanças e aprenda o que for possível sobre novas tecnologias. No entanto, é mais importante ainda que seja preparado para ver o todo (a "floresta inteira"), tomar decisões e, efetivamente, converter-se em uma liderança.

Há quem sugira ao filho ou neto: "vá fazer um MBA no exterior, em uma boa universidade". Trata-se, sem dúvida, de uma valiosa experiência. Mas ainda assim não é tudo. Convém que o novo gestor seja capaz de estudar a fundo a origem da empresa, compreender sua missão, assimilar seus traços culturais característicos e perceber os elementos de diferenciação da marca, ou seja, as virtudes objetivas e subjetivas que garantem a vitalidade do negócio e o fluxo de caixa.

Uma empresa pode ter adquirido musculatura ao fazer algo que ninguém faz. Mas pode ter alcançado esse *status* também por ser rápida na entrega, por praticar uma política de preços atraente, por ser zelosa e prestativa no atendimento ou por investir permanentemente na qualificação de produtos e serviços, estabelecendo-se como vanguarda da inovação do setor.

É fundamental que o sucessor compreenda essa realidade, de forma a preservar os elementos que se apresentam como sustentáculos da companhia. Ao mesmo tempo, precisa perceber as exigências do mundo em permanente transformação e planejar os aperfeiçoamentos necessários. As melhores empresas buscam tornar-se ainda mais rápidas, qualificadas, inovadoras e capazes de dialogar com seus públicos, internos e externos.

De forma especial, os líderes precisam conhecer os liderados, ou seja, têm como obrigação aprender a lidar com pessoas. Em qualquer negócio, as pessoas são absolutamente <u>tudo!</u> Elas inventam, planejam, transformam, fabricam, embalam, vendem e entregam. E também são elas, do outro lado do balcão, que constituem o desejo de aquisição, pesquisam, compram, recebem, opinam, abastecem o caixa e, se bem atendidas, retornam e contribuem para perenizar o negócio.

Muitas vezes, os *founders* se equivocam na gestão desses processos. No entanto, merecem um desconto em qualquer avaliação crítica. Afinal, fazem acontecer com recursos escassos, prospectando fornecedores, negociando preços, testando matérias-primas, desenvolvendo métodos operativos, sem ainda conhecer adequadamente o mercado de consumo. Enfim, no erro e no acerto, sem esmorecer, vão estabelecendo o padrão e a norma.

Pessoalmente, não dou o mesmo desconto para sucessores e executivos contratados. Alguém já realizou o serviço mais pesado. Já existe uma história construída para servir como guia de ação.

Esses novos líderes sabem, portanto, o que foi feito, como foi feito e quais resultados foram obtidos. Não partem do zero e normalmente já contam com uma estrutura bem estabelecida.

Processos de sucessão, de forma geral, exigem uma convergência. Cabe ao que vai ser sucedido entregar didaticamente o conhecimento adquirido. Cabe ao sucessor, por sua vez, absorver essa informação, educar-se sobre a empresa e identificar os desafios para que se aprimore e se desenvolva no mundo em transformação.

O destino aplica a prova

E se falamos em metamorfose, vale citar a Pesquisa Global NextGen 2022, da consultoria PwC, um estudo aprofundado sobre a próxima geração de líderes em empresas familiares. O que mais surpreendeu foi a mudança de mentalidade promovida pela pandemia. O evento acelerou especialmente os processos de transição de poder. Em muitas empresas, as gerações se agregaram em torno de dois objetivos comuns: resistir ao clima de instabilidade e garantir a perpetuidade do negócio.

Em várias famílias ouvidas, havia preocupação com a manutenção do crescimento. Partia-se da crença geral de que, a cada dois anos, a organização precisa crescer 10%, de modo a se manter o patrimônio proporcional à expansão do clã controlador. Obviamente, essas metas foram prejudicadas pela disseminação da doença.

EMPRESAS FAMILIARES

Os novatos elegeram também como desafio responder às demandas ambientais, sociais e de governança (ESG), fundamentais à nova agenda da gestão. O pensamento reciclado estabeleceu as seguintes exigências: impactar menos a natureza, contribuir para o desenvolvimento humano e constituir formas de gestão éticas, transparentes e eficientes.

No Brasil, 75% dos *nextgen* afirmaram ver oportunidades para que as empresas familiares liderassem práticas de negócios sustentáveis. No mundo, essa parcela também era alta: 64% dos consultados. Com efeito, 35% reportaram já ter algum envolvimento em projetos dessa natureza (28% no mundo). No total, 63% esperavam estar contribuindo para a redução futura do impacto ambiental de seus negócios (65% no mundo).

Em muitas corporações, o receio provocado pela pandemia realmente fortaleceu a comunicação entre as gerações. O estudo revelou que 56% dos entrevistados (43% no mundo) se sentiam mais comprometidos com o negócio do que nos tempos anteriores à Covid-19. Paradoxalmente, houve uma aparente concentração de poder decisório por parte dos veteranos. Em 2019, em estudo da mesma PwC, 57% dos novos gestores (36% no mundo) reportaram que eram sondados em relação a temas relevantes. Na pesquisa 2022, essa parcela caiu a 34% (32% no mundo). Quer dizer que muitos entraram no carro de entregas da família, "mas nem sempre foi fácil migrar do banco do passageiro para o lugar do motorista", conforme avaliou Gan See Khem, presidente executiva e diretora-geral da Health Management International, de Cingapura. De fato, 41% dos consultados (45% no mundo) admitiram dificuldades para provar valor como novos líderes ou membros do conselho. Para 38% deles (39% no mundo), havia na empresa uma resistência à mudança.

Quando concluíamos este livro, havia no comando das empresas um sentimento contraditório. Considerando os efeitos trágicos da pandemia, muitos *founders* e líderes veteranos perceberam a própria finitude e a fragilidade da vida. Surgiu, portanto, uma preocupação inédita com o planejamento sucessório. A análise dos estudos, porém, mostrou que lidamos com questões complexas. A apresentação do trabalho da PwC, por exemplo, tem o seguinte trecho:

> *Na nossa Pesquisa Global de Empresas Familiares 2021, 24% dos membros da geração atual no Brasil (30% no mundo) disseram ter um plano de sucessão robusto. Hoje, 67% dos nextgen brasileiros e 61% dos globais reconhecem a existência desse plano na família.*

Há um degrau muito alto separando esses números. Podemos imaginar que os veteranos tomaram um susto, despertaram para suas obrigações e estabeleceram ligações mais fortes com os jovens da família. Ainda assim, muitos deles relutaram em delegar poderes e incorporar a nova geração ao processo decisório. Quando se fala em plano de sucessão no pós-pandemia, este parece um projeto muito mais urgente e necessário para os jovens do que para seus pais e avós. Essa postura explicaria por qual motivo tantos deles salientam a existência de um suposto plano robusto de sucessão na companhia.

Por fim, a pesquisa mostrou que ainda pode ser lento o processo de equiparação de gêneros nos processos sucessórios. Para 41% dos homens e 35% das mulheres, havia uma expectativa maior de que os homens viessem a administrar o negócio. Um quarto das mulheres afirmou que precisava entender mais dos assuntos da empresa antes de sugerir qualquer mudança. Apenas 13% dos homens se posicionaram com a mesma modéstia e humildade.[22]

Questões contemporâneas

A mesma PwC realizou, em parceria com a Family Business Network International, a pesquisa *Empresas Familiares 2023*

---

[22] Pesquisa Global NextGen 2022, https://www.pwc.com.br/pt/estudos/setores-atividade/pcs/2022/pesquisa-nextgen-2022.html, acesso em 05/09/2022.

EMPRESAS FAMILIARES

— *Transformar para Ganhar Confiança*, com 2.043 proprietários, em 82 territórios. Salta aos olhos o fato de que muitas das companhias brasileiras admitem não ter o adequado nível de confiança de dois grupos essenciais de *stakeholders*, os clientes e os funcionários, seguindo uma tendência global. E a maioria parece não estar fazendo o necessário para conquistar essa confiança. No caso do nosso país, 87% não têm um posicionamento público sobre questões importantes, 84% não desenvolvem uma estratégia ESG acordada e comunicada, enquanto 62% não comunicam seu propósito externamente. Além disso, 76% não têm compromissos claros que promovam a DEI (Diversidade, Equidade e Inclusão).

O estudo conclui que, para garantir a viabilidade de longo prazo, as organizações precisarão transformar políticas, mudar práticas, rever prioridades e comunicar essas iniciativas a todos os grupos de *stakeholders*, inclusive das novas gerações. Em boa parte das empresas familiares, no entanto, os novos líderes ainda estão seguindo o comando de seus pais, priorizando o crescimento, em detrimento dos aspectos de ESG e DEI.

Para ganhar a confiança desses interlocutores estratégicos, contudo, é fundamental que a empresa constitua credenciais sólidas no campo da responsabilidade e da sustentabilidade. No *Global Consumer Insights Pulse Survery 2023*, da mesma PwC, por exemplo, 70% dos entrevistados afirmaram que estão dispostos a pagar mais por alimentos produzidos de maneira ética. O estudo contempla a opinião de mais de 9 mil consumidores em 25 países. Os *millennials* e a Geração Z são particularmente propensos a escolher as marcas a partir dessa análise de comportamento corporativo.

A perpetuidade de empresas familiares exige, portanto, uma comunicação mais ativa com essa parcela emergente da clientela. O sinal amarelo está aceso porque muitos dos líderes brasileiros que participaram da pesquisa não elegeram as questões socioambientais e de governança como prioridade máxima.

Marcelo Silva

Apenas 16% consideram-se muito avançados em relação a uma estratégia clara de ESG, 68% colocam pouco ou nenhum foco nessa dimensão e somente 20% priorizam a minimização do impacto da empresa no meio ambiente.

No contexto das relações com os colaboradores, o maior entrave ao estabelecimento da confiança parece ser o descuido na construção de um modelo interno de aperfeiçoamento de competências. No caso dos líderes familiares, 50% dos brasileiros (36% no mundo) admitem ter pouco foco em atrair e reter talentos. Ainda há desafios também no campo da transparência e das relações de poder. Entre os brasileiros, 64% relatam permitir questionamentos dos funcionários no tocante às decisões dos gestores. No mundo, o percentual é de 57%.

A pesquisa mostrou também que as lideranças começam a se conscientizar acerca da importância da relação harmoniosa entre os membros da família. No Brasil, 26% afirmaram que as divergências familiares constituem o maior desafio para a construção da confiança entre os diversos grupos de *stakeholders* (no mundo, são 22%). Em 2023, 28% dos brasileiros (19% no mundo) relataram dispor de mecanismos para lidar com disputas familiares. Somente cerca de dois terços desses líderes (62% no Brasil e 65% no mundo), entretanto, afirmam ter estruturas formais de governança implantadas, como acordos de acionistas, constituições, testamentos e protocolos familiares.

Um alto obstáculo ao avanço das empresas familiares, segundo o estudo, ainda é a composição dos conselhos. Somente 12% dos gestores brasileiros (9% no mundo) dizem ter conselhos diversificados (com duas ou mais mulheres, um membro com menos de 40 anos, um integrante que não faz parte da família e outro de uma indústria diferente). Das empresas consultadas, 25% das brasileiras não têm nenhuma mulher no conselho (31% no mundo) e 64% (57% no mundo) não oferecem assento a um conselheiro com menos de 40 anos. Por fim, cerca de um terço dos conselhos (32% no Brasil e 36% no mundo) é formado

EMPRESAS FAMILIARES

apenas por membros da família, o que revela baixa atenção aos modelos de gestão na diversidade.[23]

Quem assume?

Considerada a impermanência nas condições que determinam esses processos, uma questão de extrema relevância é a identificação do sucessor. Há uma tendência a se considerar que a vaga de comando será ocupada pelo primogênito. Frequentemente, no entanto, não é o que esse primeiro filho está disposto a fazer. Ele pode não ter a vocação, o talento e as habilidades necessárias para ocupar o cargo.

Por vezes, isso ocorre porque esse jovem foi mantido longe da empresa. Não teve oportunidade e tempo para se apaixonar por ela. Não adianta convocar o rapaz, aos 20 anos de idade, e decretar: "tire a bermuda, calce um par de sapatos e venha comigo: vou te apresentar a empresa da família, da qual você será o próximo presidente".

Há muitos casos em que as inclinações naturais do herdeiro não atendem às exigências do mundo corporativo. Ele pode estar mais interessado em viajar pelo mundo ou seguir carreira como pintor, bailarino ou físico nuclear. No entanto, é forçado a assumir o cargo. E aí, provavelmente, a companhia vai enfrentar um grave problema.

Ao mesmo tempo, em muitas corporações, desprezam-se aqueles que realmente podem tocar o negócio. Pode bem ser o caçula aquele mais propenso a assumir a função.

Muitas vezes, uma filha ou neta é a pessoa mais apropriada para ocupar o cargo, mas o sucedido embarca no preconceito machista e imagina que seja frágil demais, incapaz de enfrentar os pesados desafios da gestão.

---

[23] Pesquisa de Empresas Familiares 2023. Transformar para conquistar confiança. https://www.pwc.com.br/pt/estudos/setores-atividades/empresas-familiares/2023/Family_Business_PUB_2023.pdf.

Marcelo Silva

Logicamente, é um pensamento equivocado. E há muitos casos em que a mulher é capaz de se desenvolver da mesma forma que o homem no papel de liderança. Luiza Helena, já citada neste capítulo, é um expressivo exemplo do talento feminino na gestão executiva.

As empresas mantêm muito da cultura do dono, repetem suas estratégias e *modus operandi*. Cultivam também seus valores e princípios. O complexo desafio é preservá-los em essência, depurá-los e fazer com que os sucessores respeitem a tradição e, ao mesmo tempo, abracem o novo.

É fazer melhor o que já é bom.

4

ESTRUTURAÇÃO

Governança corporativa e familiar

—

Em 2001, a Enron, uma gigante norte-americana, era uma das líderes globais em distribuição de energia e comunicações, empregava mais de 29 mil pessoas e anunciava uma receita próxima de US$ 101 bilhões no ano anterior. Tinha sido eleita pela *Fortune* a mais inovadora empresa dos Estados Unidos por seis vezes seguidas. Enquanto muitos concorrentes do setor de energia se encontravam em crise, a companhia parecia possuir uma fórmula mágica de gestão, capaz de lhe garantir negócios de sucesso e lucros generosos. Esses resultados positivos encantavam os investidores e justificavam elogios entusiasmados dos analistas do mercado. Vendendo-se como confiável e dinâmica, a empresa estimulava os próprios funcionários a comprar suas ações.

Em dezembro de 2000, Kenneth Lay deixou o cargo de presidente, mas se manteve como presidente do Conselho de Acionistas. Jeffrey Skilling assumiu seu posto. No mesmo mês, o valor das ações atingiu o pico de US$ 84,97, introduzindo a Enron no seleto grupo das 70 empresas mais valiosas dos Estados Unidos.

Após seis meses, Skilling renunciou ao cargo e Lay retomou o posto de CEO da companhia. No dia seguinte, um funcionário chamado Sherron Watkins enviou ao líder reempossado uma carta na qual apontava problemas na contabilidade. No mesmo mês, Lay vendeu mais de US$ 2 milhões que possuía em ações da empresa, quando estas ainda estavam em alta.

Dois meses depois, a empresa Arthur Andersen iniciou um processo de destruição de documentos relacionados a auditorias feitas na Enron.

Um processo de investigação formal foi instaurado pela Securities and Exchange Commission (SEC) e a Enron anunciou ter revisado os balanços dos cinco anos anteriores. Chocou o mundo ao informar que, em vez dos vultosos lucros divulgados anteriormente, tinha acumulado uma perda de US$ 586 milhões.

À medida que o colapso se iniciava e as ações se desvalorizavam, a Enron proibiu seus funcionários de vender ações ligadas a seus planos de aposentadoria. O objetivo era evitar uma queda ainda maior no valor dos seus papéis. Mesmo assim, 11 meses após o pico histórico, o valor das ações despencou, chegando a apenas US$ 4. Dois meses depois, a empresa pediu concordata e suas ações foram retiradas da bolsa de Nova Iorque.

Após as investigações, foi comprovado que os diretores da Enron mantinham acordos escusos com instituições financeiras e com a empresa externa que auditava seu balanço. O resultado foi a prisão de vários executivos, a perda de credibilidade e a posterior falência da auditoria Arthur Andersen, uma das maiores do mundo à época, integrante do seleto grupo das "Big Eight" do setor. Muita gente perdeu o emprego e também o dinheiro investido na companhia por meio do fundo de pensão.[24] [25] [26]

---

[24] Enron Fast Facts, CNN Library (25/04/2019), atualizada em 25 de Abril de 2021, https://edition.cnn.com/2013/07/02/us/enron-fast-facts/index.html, acesso em 05/01/2022.

[25] The rise and fall of Enron, Journal of Accountancy, Journal of Accountancy, C. William Thomas (01/04/2002), https://www.journalofaccountancy.com/issues/2002/apr/theriseandfallofenron.html, acesso em 05/01/2022.

[26] Timeline: a Chronology of Enron Corp., The New York Times (18/01/2006), https://www.nytimes.com/2006/01/18/business/worldbusiness/timeline-a-chronology-of-enron-corp.html, acesso em 05/01/2022.

EMPRESAS FAMILIARES

Um componente de enorme importância no combate a fraudes e mitigação de riscos é a adoção de boas práticas de governança corporativa. Elas definem e direcionam a organização por meio de políticas, planos e controles internos que impactam a tomada de decisões. É assim que uma companhia gera resultado, distribui riqueza, cria valor de longo prazo e garante sua perpetuidade.

O processo acelerado de globalização tornou mais complexo o ambiente empresarial e iniciou uma era de escândalos, como os que envolveram a Enron, a WorldCom e a Arthur Andersen.

Você, leitor, deve estar se perguntando: "ora, mas o que isso tem a ver com as empresas familiares, tema deste livro?". Primeiramente, porque trabalhei na Arthur Andersen no início da minha carreira. Utilizei o exemplo acima para mostrar que empresas de todos os tipos, mesmo aquelas profissionalizadas, podem sofrer com desvios no campo da governança e da atenção a preceitos éticos, morais e legais, ou seja, podem perder a integridade!

Embora tivesse entre suas ancestrais pequenas empresas criadas nas décadas de 1920 e 1930, a Enron era uma empresa jovem, fundada em 1985, da fusão da Houston Natural Gas e da InterNorth. Para muitos analistas, essa cultura corporativa mista, sem valores arraigados, aliada à busca obstinada por crescimento e lucratividade, explica os procedimentos condenáveis que desaguaram no escândalo de 2001. Mas o que dizer de empresas familiares com um século e meio de tradição?

No campo das companhias familiares, podemos colher exemplos claros de que nem sempre bastam a tradição, o conjunto de valores e a retidão de caráter dos fundadores.

É o caso do conglomerado empresarial Odebrecht, cuja origem remonta aos negócios de Emílio Odebrecht, um engenheiro e cartógrafo nascido na Prússia, em uma área hoje pertencente à Polônia, que chegou ao Brasil em 1856, aos 21 anos. Empreendedor incansável, demarcou terras, abriu estradas e estabeleceu linhas

Marcelo Silva

telegráficas. Deixou 15 filhos e a ideia de que o trabalho honesto dignifica o homem. Um de seus 77 netos era Emílio Odebrecht, que se dedicou à construção civil. Em 1923, ele criou uma empresa responsável por importantes edificações em Pernambuco, Ceará, Alagoas e Bahia. Seu filho Norberto, nascido no Recife, formou-se em engenharia, assumiu os negócios da família e fundou, em 1944, em Salvador, a construtora Norberto Odebrecht. Em 1968, seu filho Emílio Alves Odebrecht, também formado em engenharia civil, começou a trabalhar na empresa. Em 1981, ele se tornaria vice-presidente do grupo e, dez anos depois, substituiria o pai no comando da empresa.[27] [28]

O próximo a liderar a companhia foi Marcelo Odebrecht, filho de Emílio Alves, também engenheiro civil, que ingressou na organização em 1992 e assumiu a presidência em 2008, durante a crise financeira global. Ousado, Marcelo fez a empresa crescer e a transformou na maior empregadora do Brasil. Fortemente apoiado pelo governo federal, a empresa buscou se tornar uma potência mundial no setor de engenharia e construção e estabeleceu presença em 21 países.

O que ocorreu a partir de 2015 o leitor provavelmente já sabe. Naquele ano, Marcelo enfrentaria problemas com a justiça, denunciado pelo Ministério Público por supostos atos de corrupção. Ele seria condenado no ano seguinte, em decisão ratificada em segunda instância, dois anos depois. Durante todo o trâmite processual, o empresário alegou inocência e afirmou existirem contradições flagrantes entre a peça de denúncia e as evidências coletadas na investigação. Passou uma temporada no sistema prisional e, em 2023, depois de cumprir dois anos de pena alternativa, servindo de forma

---

[27] A Odebrecht — História, Odebrecht, https://www.odebrecht.com/pt-br/organizacao-odebrecht/historia, acesso em 01/10/2019.

[28] Delações da Odebrecht: entenda o maior escândalo de corrupção do país, G1, Gioconda Brasil, http://g1.globo.com/jornal-hoje/noticia/2017/04/delacoes-da-odebrecht-entenda-o-maior-escandalo-de-corrupcao-do-pais.html, acesso em 01/10/2019.

comunitária ao Hospital das Clínicas de São Paulo, pagou a dívida estabelecida pelos magistrados.

Em 2024, ele ainda sustentava sua inocência, afirmando ter sido envolvido em uma ação com conotações políticas.

Em maio deste ano, o ministro Dias Toffoli, do Supremo Tribunal Federal (STF), anulou todas as decisões da 13ª. Vara Federal de Curitiba no âmbito da Operação Lava Jato contra o empresário. O juiz afirmou que houve conluio entre os magistrados e procuradores da República que integravam a operação. O juiz também apontou uma série de arbitrariedades na condução do processo contra a Odebrecht, nos quais, segundo ele, houve desrespeito ao devido processo legal, parcialidade e ações fora da esfera de competência das autoridades envolvidas. De acordo com Toffoli, a Operação *Spoofing* constatou condutas ilegais, como ameaça aos parentes do empresário, pressões sobre o advogado e a imposição de desistência do direito de defesa como condição para concessão de liberdade.

Em resumo, o capital ético de uma família nem sempre é suficiente para impedir que seus gestores se envolvam ou sejam envolvidos em ilegalidades. Humanos são falíveis e vulneráveis, mesmo quando herdeiros de uma história centenária de honestidade, transparência e virtude. Daí, a necessidade da construção de mecanismos de observação, avaliação, controle, vigilância e auditagem nas empresas. Porque, por vezes, a gestão familiar pode até mesmo facilitar esse tipo de delinquência. Gestores privados em ambientes corporativos pouco transparentes, fechados em *bunkers* diretivos, sentem-se menos receosos quando cedem à tentação de burlar a lei. Também é certo que o Poder Público tem meios para inibir e punir esse tipo de conduta, tão nocivo ao sistema de trocas econômicas.

Nos Estados Unidos, após um período de grandes escândalos, instituiu-se a Lei Sarbanes-Oxley, elaborada pelo senador democrata Paul Sarbanes e pelo deputado republicano Michael Oxley. O objetivo primordial foi evitar a evasão de capitais de investimento gerada pela insegurança acerca da governança das empresas.[29] [30]

A lei trata de padrões para o controle da contabilidade das empresas, de modelos de auditoria independente, de regras para casos em que ocorram conflitos de interesse, de garantias de transparência na divulgação de dados relevantes para os investidores, da preservação de documentos comprobatórios das atividades corporativas e da responsabilização de diretores-executivos na composição dos demonstrativos financeiros das companhias.

Em vigor desde 2002, a lei serviu como um guia de *compliance* (conformidade) e foi logo adotada como modelo de conduta na gestão de empresas de todo o mundo. De lá para cá, foram realizados diversos estudos sobre a percepção dos *stakeholders* acerca dos mecanismos garantidores da boa governança. De forma geral, eles percebem maior facilidade no acesso a dados confiáveis dos negócios que ajudam a desenvolver. No caso das empresas, quando ocorre uma real evolução nos mecanismos de governança, há maior facilidade de acesso a financiamentos, redução no custo do capital e simplificação nas negociações com parceiros comerciais nos setores público e privado.

A governança corporativa possui como princípios fundamentais a transparência, a equidade, a responsabilidade corporativa e a prestação de contas. Uma boa governança necessita de diversas instituições, como o Conselho de Administração, o Conselho Fiscal, os Comitês de Assessoramento, dentre outros. A estrutura do Conselho de Administração, que serve como elo entre os acionistas e os executivos, é o órgão colegiado responsável pela

---

[29] H.R.3763 — Sarbanes-Oxley Act of 2002, https://www.congress.gov/bill/107th-congress/house-bill/3763, acesso em 05/01/2022.

[30] Green, Scott, A look at the causes, impact and future of the Sarbanes-Oxley Act, Journal of International Business and Law, Scott Green, 2004, Vol. 3, Iss. 1, Artigo 2. https://scholarlycommons.law.hofstra.edu/cgi/viewcontent.cgi?article=1024&context=jibl, acesso em 05/01/2022.

EMPRESAS FAMILIARES

tomada de decisões estratégicas da empresa, além do monitoramento das atividades executivas. A diversidade de um Conselho de Administração, com profissionais de diferentes gêneros, conhecimentos e experiências, garante qualidade técnica e pluralidade de opinião no debate dos assuntos corporativos.

Em um conselho dessa natureza, é desejável a participação de membros independentes, que não tenham relações com a família controladora do negócio, nem compromisso particular com outros sócios majoritários da empresa. Dessa forma, garante-se que seus julgamentos sejam baseados em análises objetivas e técnicas de cada problema, desafio ou projeto.

Quando concluí este livro, em 2024, o Magazine Luiza, por exemplo, tinha como representante da família proprietária no Conselho de Administração apenas Luiza Helena, que ocupava a presidência. Os outros seis membros não pertenciam à família: quatro eram independentes e dois eram ex-executivos da empresa. Cabe lembrar que o número de cadeiras em um conselho pode variar de acordo com a necessidade, a complexidade das atividades e a maturidade da organização.

O Conselho Fiscal é um instrumento de fiscalização eleito pelos sócios e que, por lei, não se subordina ao Conselho de Administração. Já a escolha de uma auditoria independente fornece maior confiança aos dados divulgados pela companhia.

Além disso, os Comitês de Assessoramento ao Conselho de Administração servem para tratar de temas mais complexos pautados em reunião, aqueles que demandam mais tempo de pesquisa, análise e reflexão. Esses comitês agregados não devem ter poder de deliberação. Na verdade, estudam atentamente os assuntos relevantes e preparam sugestões e propostas que são apresentadas ao conselho. É recomendável a participação de pelo menos um membro do Conselho de Administração em cada Comitê de Assessoramento.

Não é obrigatório para uma empresa de capital fechado constituir um conselho e outras tantas estruturas de governança corporativa.

Marcelo Silva

Porém, é certo que um conselho consultivo ou de administração, um comitê de assessoramento e até mesmo uma auditoria constituirão vantagens fundamentais à longevidade do negócio. São instâncias que podem gerar custos imediatos, mas que produzirão benefícios expressivos no médio e no longo prazos.

O ciclo de crescimento das empresas tem em sua fase mais madura a necessidade de obtenção de financiamento, seja por meio da venda de uma fatia de suas ações para um fundo de *private equity*, seja por meio da abertura de capital na bolsa de valores. Em qualquer um dos casos, no entanto, a empresa deverá escorar-se em certo grau de governança estabelecido. Considerando-se que se trata de um processo gradual e inevitável em empresas que aspiram à perpetuidade, quanto antes se iniciar, melhor.

Muitas empresas dão início às suas práticas de governança com um conselho apenas consultivo, sem valor estatutário, não deliberativo, cuja tarefa é aconselhar sócios e administradores. Posteriormente, essa equipe evolui e passa a atuar como um Conselho de Administração.

Quando se trata de governança corporativa em empresas familiares, é fundamental a constituição de um mecanismo de governança familiar. Ele atua na relação da família com a companhia. Ora, se um negócio necessita da governança corporativa para alinhar processos, planos e políticas, uma família empresária necessita obrigatoriamente se organizar da mesma forma e com o mesmo intuito. É preciso que se estabeleça um sistema interno no qual serão definidos os processos formais, regras e políticas a serem adotadas, com o fito de evitar conflitos futuros, confusão patrimonial e condutas danosas à perpetuidade da empresa.

O processo de implantação da governança familiar pode durar algum tempo até que seja atingida a maturidade, e pode enfrentar obstáculos, dependendo da complexidade das relações interpessoais de cada grupo controlador. É muito comum que os clãs já possuam, na informalidade, muitos dos processos que devem ser adotados na governança familiar. Formalizá-los, no

EMPRESAS FAMILIARES

entanto, propiciará maior fluidez na gestão empresarial e facilitará a resolução de conflitos.

As estruturas da governança familiar se assemelham, muitas vezes, àquelas da governança corporativa. A primeira instância que se deve constituir é a "assembleia familiar". Trata-se de um encontro de integração do qual todos os parentes participam. O objetivo é divulgar informações sobre a companhia, discutir diretrizes, definir estratégias, formalizar planos, prestar contas, preservar a história da família e cultivar suas aspirações.

Por meio dela, devem ser eleitos os membros do Conselho de Família, que se encarregará de intermediar a comunicação do grupo com os órgãos de governança corporativa da empresa. Esse comitê terá outras importantes atribuições, como mediar conflitos, preservar e divulgar o legado dos fundadores, além de oferecer suporte e orientação para o desenvolvimento profissional dos membros da família, dentro ou fora da empresa. Convém ainda que elabore estatutos ou documentos similares destinados a definir diretrizes para a transferência de ações, estabelecer parâmetros para a cessão de patrimônio por herança, estipular regras para o ingresso na empresa e criar rotinas de aprendizado para os processos de sucessão.

Muitas vezes tratados na informalidade, esses processos são ignorados ou desprezados pela empresa familiar em seus momentos cruciais. É o que ocorre, por exemplo, com o falecimento de um fundador ou gestor familiar sênior. Nessas ocasiões, sem organização e disciplina, é improvável que o clã ofereça suporte às boas práticas de governança corporativa. Mesmo que existam virtuosas intenções, a ausência de um conjunto formal de regras de conduta tende a gerar confusões, conflitos, ressentimentos e inevitáveis prejuízos à empresa.

Vale ressaltar ainda que a estrutura de governança familiar deve acompanhar o porte da empresa, aperfeiçoando-se constantemente, de acordo com sua maturação. Em uma companhia na segunda geração, por exemplo, os papéis da Assembleia Familiar

Marcelo Silva

e do Conselho Familiar muitas vezes se confundem devido à reduzida quantidade de sócios. Todavia, em uma empresa que se encontra na terceira ou quarta geração, as atribuições desses órgãos tendem a se tornar bem definidas.

Quando uma empresa cresce, é necessário que sofistique sua organização e crie instâncias internas de gestão, planejamento e controle. Quando se trata de companhia nascida e mantida em um clã, é fundamental que a família também se integre, institua regras relativas ao negócio e garanta, por meio de um acordo formalizado, a harmonia entre seus membros. Nenhum *founder* jamais idealizou um negócio destinado a separar seus descendentes pela guerra de interesses. Muito pelo contrário.

5

GESTÃO PROFISSIONAL

Um forasteiro na propriedade da família
—

Durante séculos, os empreendimentos familiares precisavam apenas reprisar procedimentos e subsistir. Pensemos, por exemplo, em uma propriedade rural. Bastava que continuasse a produzir os alimentos que sustentavam o grupo responsável pelas terras.

Esse modelo serviu a uma população que não buscava luxos e se contentava em ter o que comer e onde dormir. Em escala de produtividade e lucratividade, a evolução de qualquer empreendimento não era tão importante, visto que o crescimento populacional era lento e a expectativa de vida muito baixa.

Foram necessários 300 anos (de 1500 a 1800) para que a população mundial passasse de 450 milhões para um bilhão de pessoas. Em apenas dez anos, entre 2005 e 2015, a grande comunidade humana ganhou mais de 800 milhões de indivíduos. No século XVIII, um francês vivia, em média, 30 anos. Na Inglaterra do século seguinte, um homem esperava completar 40 aniversários. Em 1950, a expectativa de vida, no mundo, era de 48 anos.[31] [32]

---

[31] World Population Growth. https://www.macrotrends.net/countries/WLD/world/population, acesso em 05/01/2022.

[32] Life expectancy, Our World in Data, https://ourworldindata.org/life-expectancy, acesso em 05/01/2022.

Marcelo Silva

No Brasil, em 2022, conforme estudos do Instituto Brasileiro de Geografia e Estatística (IBGE), a expectativa de vida ao nascer era de 79 anos para mulheres e 72 anos para homens. No geral, a média era de 75,5 anos.[33] E muitos excedem essa idade. Nunca tivemos tanta gente com mais de 100 anos. Considerando que há mais pessoas, "feitas" para durar mais, é necessário que as empresas cresçam, que as economias se ampliem e que se criem recursos para abrigar a multidão global. Não basta subsistir. É preciso atualizar, aprimorar e crescer.

Vamos tomar com o exemplo o caso da Índia, um país que atingiu 1,434 bilhão de habitantes no final de 2023, aumentando a diferença em relação à China, que tinha 1,425 bilhão de habitantes nessa época.[34] Nesse país densamente povoado, 90% dos negócios são controlados por famílias. Lá, os negócios precisam crescer. Segundo Yuval Harari, professor de História da Universidade de Jerusalém, essa evolução é necessária por três motivos:

- produzindo-se mais, consome-se mais e eleva-se o padrão de vida;
- na Índia, o crescimento populacional é de 1,2% ao ano, de modo que, se a economia não crescer anualmente mais de 1,2%, o desemprego vai aumentar, os salários vão cair e o padrão de vida médio será reduzido;
- mesmo que os indianos parassem de se multiplicar, o país precisa crescer para atender aos milhões de habitantes que hoje vivem na pobreza.[35]

---

[33] Expectativa de vida no Brasil sobe a 75,5 anos após duas quedas na pandemia. https://www1.folha.uol.com.br/cotidiano/2023/11/expectativa-de-vida-no-brasil-sobe-a-755-anos-apos-duas-quedas-na-pandemia.shtml, acesso em 20/12/2023.

[34] Current world population. Worldometer. https://www.worldometers.info/world-population/, acesso em 21/12/2023.

[35] Harari, Yuval Noah. Homo Deus, uma breve história do amanhã, 1ª. Edição, São Paulo, Companhia das Letras, 2016.

EMPRESAS FAMILIARES

O conceito se aplica, de alguma forma, ao resto do mundo, especialmente ao Brasil. Vale incluir nesta análise a aceleração do ritmo da mudança. Hoje, diante da revolução tecnológica permanente, o processo de obsolescência é muito mais rápido. Altera-se em velocidade vertiginosa o modo de produzir, de vender e, do outro lado do balcão, de consumir.

Durante muito tempo, o mérito de uma empresa familiar de sucesso era garantir que tudo permaneceria do mesmo jeito, respeitando-se a máxima fidelidade a um padrão de êxito estabelecido pelo fundador ou pelo herdeiro que desenvolveu o negócio.

Em tempos recentes, porém, esse modelo equivale a uma doença degenerativa mortal. A empresa que não se reinventa, cede terreno à concorrência, perde relevância, reduz receitas e, inevitavelmente, é obrigada a baixar as portas.

No cenário contemporâneo, é mais do que provável que a família dona do negócio precise recorrer à colaboração de gestores profissionais. Em primeiro lugar, porque eles tendem a oferecer a *expertise* técnica necessária ao aprimoramento da empresa. Depois, porque podem constituir o saudável contraponto da dúvida e até da discordância, sugerindo e, muitas vezes, executando os procedimentos exigidos nos ritos de modernização.

Kavil Ramachandran, professor de Family Business and Wealth Management, da Indian School of Business, afirma que a profissionalização é a chave para o desenvolvimento dos negócios em seu país.[36] Segundo ele, esse processo facilita o crescimento em cenários de mudança, eleva a lucratividade, aprimora a governança, agrega valor à marca e, frequentemente, reduz os conflitos entre os membros da família.

A Parle Agro, gigante do setor de bebidas e alimentos, foi fundada na Índia em 1929, pela família Chauhan, de Bombaim.

---

[36] Ramachandran, Kavil; The 10 Commandments for Family Business, Sage Publications, 2015.

Marcelo Silva

A diretora administrativa da empresa, Nadia Chauhan, afirma que a gestão profissional cria um senso de pertencimento nos colaboradores, facilita a interação entre departamentos, descentraliza atividades, agiliza a tomada de decisões e abre caminho para o crescimento sustentável dos negócios.[37]

Essa transição, entretanto, não se completa sem percalços. O estudo acurado da questão exibe alguns dos dilemas e das incertezas dos proprietários familiares ao cogitarem a integração de gestores profissionais:

- ✦ Temem desrespeitar a tradição e renunciar a seus valores;
- ✦ Receiam que novos modelos e processos possam afetar a operação, ferir a imagem da empresa e reduzir a lucratividade;
- ✦ Afligem-se com a ideia de que o ingressante possa despertar debates que romperão a harmonia do clã;
- ✦ Sentem-se diminuídos em razão do compartilhamento do poder decisório;
- ✦ Preocupam-se com uma gestão que, por seus méritos, acomode os sucessores e os distancie do cotidiano do negócio.

O gestor profissional, de seu lado, tende a conviver com ameaças e a enfrentar obstáculos. Em resumo, é o que pode encontrar:

- ✦ Familiares que o excluem da formulação de planos estratégicos e da elaboração de projetos de longo prazo;
- ✦ Membros do clã que o enxergam como mero executor de ordens ou como consultor técnico incorporado;
- ✦ Contratantes que o consideram um mediador de problemas familiares;

---

[37] Family business now need to be professional, Yasmin Taj, The Economic Times (22/03/2011), https://economictimes.indiatimes.com/et-high-flier/family-business-now-need-to-be-professional/articleshow/7759279.cms, acesso em 01/10/2019.

EMPRESAS FAMILIARES

- Contratantes que o utilizam como escudo em disputas internas;
- Proprietários que se julgam ofendidos por opiniões divergentes ou quando confrontados com seus erros ou omissões;
- Famílias pulverizadas, sem interlocutores bem definidos;
- Clãs em dissolução, em razão de mortes, aposentadorias, divisão antecipada do patrimônio ou simples desinteresse pela gestão do negócio (é o caso de herdeiros que seguem vocação associada a outra atividade);
- Familiares que enxergam na empresa um lugar para empregar os filhos e netos, mesmo que estes não tenham as habilidades necessárias para ocupar cargos administrativos;
- Grupos de controladores mais interessados em efetuar retiradas do que na sustentabilidade econômica do negócio;
- Membros controladores que negligenciam o aprimoramento da gestão e (de maneira oculta ou declarada) tentam viabilizar a venda do negócio.

Como já pontuamos em capítulos anteriores, as empresas precisam crescer e, nesse processo, são obrigadas a recorrer à colaboração de amigos, de pessoas de confiança e, inclusive, de profissionais especializados em governança corporativa. Por mais competentes que sejam, porém, eles chegam com aprendizados, culturas e até mesmo valores diferentes dos do clã familiar.

Como atletas de futebol, os profissionais desembarcam na sede, beijam o "escudo" do clube, prometem honrar a camisa e, lógico, empenham-se em conquistar os campeonatos. Ao mesmo tempo, com razão, aproveitam a missão para propagandear seus talentos e virtudes. Quando recebem uma oferta melhor, não hesitam em se transferir até para um rival. Afinal, o período propício a ganhar dinheiro é curto e cada um precisa fazer seu pé-de-meia.

Jogadores de futebol lutam pelo "bicho", ou seja, pela gratificação em caso de vitórias expressivas ou de taças erguidas. Não é muito diferente no universo corporativo. Há metas auspiciosas traçadas

Marcelo Silva

pelas empresas e bônus concedidos aos gestores que se desempenham de forma destacada.

Um Chauhan será sempre assim, assim como um Guinle ou um Agnelli, incensado pela façanha de um antepassado. No caso do profissional, no entanto, não existe um sobrenome ou traço genético que garanta sua reputação. Seu valor é determinado exclusivamente por sua capacidade de gerar soluções para a companhia e contribuir para o seu crescimento.

É fundamental, portanto, que o profissional avalie a empresa familiar na qual pretende trabalhar. Será que seus valores combinam com aqueles da corporação? Está mesmo disposto a desenvolver ali um trabalho de médio ou de longo prazo? Será capaz de lidar com a complexidade da "tribo" controladora? Terá energia para aprender sobre a cultura corporativa vigente?

Tal qual em um espelho, os contratantes devem prestar atenção aos mesmos temas. Precisam selecionar profissionais competentes, com valores semelhantes e trabalhar pacientemente com eles, a fim de que compreendam as tradições, hábitos e objetivos da empresa. E mais: precisam estar abertos a ouvir a divergência e buscar na opinião externa inspiração para o desenvolvimento do negócio.

No artigo *Lições de liderança de grandes negócios familiares*, de 2015, Claudio Fernández-Aráoz, Sonny Iqbal e Jörg Ritter exibem os resultados de uma pesquisa realizada em 50 grandes empresas.[38] No total, 94% dessas companhias analisadas eram controladas por comitês de aconselhamento ou supervisão. A representação das famílias nesses grupos era de 46% na Europa, 28% nas Américas e 26% na Ásia.

O estudo mostrou que, sem boas práticas de governança que separem os interesses da família e os interesses do negócio, as empresas enfrentam dificuldade para atrair os melhores gestores

---

[38] Fernández-Aráoz, Claudio; Iqbal, Sonny e Ritter, Jörg, Lições de liderança de grandes empresas familiares, Harvard Business Review Brasil, abril de 2015.

EMPRESAS FAMILIARES

profissionais. Aproximadamente 25% desses executivos declararam que, a princípio, tinham receio de trabalhar em uma empresa familiar. Temiam limitação de autonomia, agendas ocultas, falta de dinamismo, nepotismo e decisões irracionais.

A boa governança, em geral, eliminou essas tensões. As firmas estudadas normalmente tinham um membro familiar de referência no centro da organização. Esse elemento catalisador personificava o negócio, alinhava diferentes interesses, definia valores e trabalhava para estabelecer objetivos comuns. Focava também na próxima geração e não nos resultados específicos do trimestre seguinte. O estudo cita um CFO japonês, profissional contratado por uma empresa de educação, que explicou deste modo sua candidatura ao cargo: "decidi me juntar porque o respeitava do fundo do coração". No caso, referia-se ao patriarca da família, que dirigia a empresa e inspirava os colaboradores.

No caso de CEOs, a pesquisa mostrou que o sucesso foi, em geral, resultado de um período de adaptação, com bom suporte transicional, no qual os gestores contratados mantinham bons diálogos com os membros da família em postos estratégicos na hierarquia. Mesmo o mais talentoso e experiente profissional pode fracassar se não souber o caminho das pedras e não for devidamente informado sobre métodos, costumes e pessoas.

No que se refere à contratação de gestores profissionais, convém também prestar atenção à avaliação crítica dos funcionários antigos, também chamados pratas da casa. Nos casos em que fizeram carreira com o dono ou com o filho do dono, sentem-se parte da família, imaginam-se como proprietários não societários e julgam-se conhecedores privilegiados de modelos e processos. Quando em contato com gestores profissionais inovadores, esses colaboradores da velha guarda podem ser convertidos em valiosos aliados, fonte inesgotável de informações estratégicas. Porém, se tratados de forma inadequada, podem ceder rapidamente à frustração, expressar insatisfações, desestimular equipes, difundir boatos e sabotar qualquer projeto de reinvenção.

Marcelo Silva

Mas o que é necessário para evitar esse conflito? Primeiramente, exige-se um modelo de comunicação que seja agregador, moldado por uma mensagem clara, forte e motivadora. É fundamental destacar os valores comuns, determinar a missão e o propósito, esclarecer os objetivos e promover educação continuada acerca das melhores práticas operativas. Por fim, é preciso mostrar que o gestor profissional está integrado a este regime e empregará sua energia e seus saberes na busca de um benefício coletivo. Quanto mais cresce a empresa, mais necessário se torna o aperfeiçoamento dessa comunicação, que precisa ter vias de mãos duplas e se converter em um diálogo participativo.

Os gestores profissionais podem ser especialmente importantes nestes processos de construção da reciprocidade e da conectividade. Uma família tradicional costumava se comunicar na mesa do jantar. Se pensarmos nos dias atuais, falam ao telefone ou trocam mensagens pelos aplicativos digitais. Estão acostumados, portanto, à troca de ideias na intimidade. Por esse motivo, muitas vezes falham na tentativa de construir pontes de conversação com seus colaboradores. Um CEO ou diretor de fora do clã pode contribuir muito para solucionar esse problema. Ele pode, por exemplo, desenvolver na empresa um sistema de comunicação ágil e integrado, que reúna, nos mesmos canais, informação e difusão educativa.

Como é que o Magazine Luiza, empresa que, em 2024, tinha mais de 39 mil funcionários espalhados por 20 Estados, pode preservar sua cultura interna e compartilhá-la de maneira tão efetiva?[39] Além das edições semanais da TV Luiza, esse trabalho se realiza por meio de frequentes reuniões interdepartamentais, de convenções com os gerentes e de um diálogo permanente entre líderes e liderados. Estamos tratando de um negócio de controle familiar. Os donos, da segunda e da terceira geração, mais os gestores profissionais, conversam, trocam ideias e, assim, se mantêm alinhados com os valores e objetivos da empresa.

---

[39] Magazine Luiza, quem somos. https://ri.magazineluiza.com.br/ShowCanal/Quem-Somos?=urUqu4hANldyCLgMRgOsTw==&linguagem=pt, acesso em 30/04/2024.

EMPRESAS FAMILIARES

Empresas familiares são feitas de pessoas que, em tese, se estimam. É sempre uma contradição se não conseguem reproduzir esse carinho na relação com seus diversos públicos, de fornecedores a clientes.

Eu dizia no Bompreço, e também na Pernambucanas: "se você não gosta de gente, aqui não é um bom lugar para você trabalhar". Repeti esse conceito no Magazine Luiza. Como conselheiro, sempre destaquei tratar-se de uma empresa familiar, nascida do sonho de poucas pessoas, mas que lida com uma multidão de consumidores, que efetuam milhões de operações de compra a cada ano. Toda a satisfação obtida nas relações internas precisa ser continuada nas relações externas.

Em meu livro *Gente não é Salame*, conto sobre meu pai, que atuava como gestor de um engenho de cana-de-açúcar. Quando ele saía de um lugar para outro, frequentemente era seguido pelos empregados. Isso porque confiavam nele e admiravam seu senso de justiça e sua cordialidade. Esses trabalhadores sabiam que não era fácil encontrar um senhor-de-engenho com aquelas virtudes.

No Bompreço, a família Paes Mendonça conseguiu a mesma façanha: cativar colaboradores e clientes. As razões: além do preço, a conduta honesta e o atendimento respeitoso. Mas a família, sozinha, não teria sido capaz de difundir essa prática. Realizaram essa proeza ao atrair os melhores profissionais e fazer com que assimilassem essa cultura de serviço. Diretores e gerentes, agregados como gestores profissionais, cuidaram de transmitir esses valores aos demais colaboradores. Criou-se uma relação de sinergia que conquistou os consumidores.

O mesmo ocorre no Magazine Luiza. A escolha dos profissionais que lideram a empresa tem como critério a adesão a essa cultura de reverência e estima pelos clientes, aqueles que pagam todas as contas da empresa. Desse modo, a coesão do grupo é assegurada pelo modo como pratica e difunde os valores. Colaboradores empenhados em servir bem naturalmente seduzem o consumidor.

Vale destacar que conseguir capturar os talentos que emergem das novas gerações é uma dificuldade comumente enfrentada pelas empresas familiares atuais. Como atrair os mais competentes? Se contratados, como convencê-los a permanecer na empresa e incorporar sua cultura? Como construir meios para que, em postos de relevância, possam inspirar os demais colaboradores?

O grande entrave é que os jovens de hoje são mais esclarecidos, mais bem informados e mais exigentes. Em compensação, são naturalmente mais volúveis. Estão cientes das inúmeras opções que o mundo oferece e se mostram menos inclinados a passar longos períodos em um mesmo emprego. De fato, os *millennials*, em particular, parecem menos confortáveis em vestir uma camisa corporativa.

É um comportamento previsível. São pessoas que sabem mais, que percebem a variedade e a diversidade, e que enxergam poucos atrativos na maior parte das empresas tradicionais. Não acreditam que nessas estruturas tradicionais possam inovar, viver uma experiência de descoberta e alcançar a realização pessoal. É a razão pela qual muitos preferem demorar-se em casa, no quarto de solteiro, ganhando a vida por meio de serviços pequenos (frequentemente pouco relevantes), a distância, por meio do computador.

Empresas familiares ganham muito ao aliar a tradição à inventividade dos jovens profissionais. No entanto, é certo que essas corporações precisam exercer esse fascínio sobre os novos talentos. Era o que fazia, por exemplo, o já citado Bompreço. Dediquei-me a esta empresa por 24 anos, porque ela tinha uma mística, um jeito de diferenciar-se em seu setor de atuação. Ali, eu sabia que colaborava com um projeto invulgar e relevante. Deixei a empresa depois que a família controladora a vendeu para uma corporação internacional do segmento. Perdeu-se o conceito que me animava e fui viver uma nova experiência como CEO da Pernambucanas.

Mas como fui parar no Magazine Luiza? Creio que a história vale como referência da ideia que pretendo compartilhar com o leitor. Fui um dos fundadores do Instituto de Desenvolvimento do Varejo (IDV), em 2004. Então, uma vez por mês, tinha reuniões com empresários e executivos do setor. Ali, Luiza Helena me conheceu, identificou meus valores e observou meu jeito de lidar com as pessoas.

EMPRESAS FAMILIARES

Ao buscar uma empresa de *headhunter* para recrutar um novo CEO para sua empresa, definiu: "eu não quero uma pessoa como o Marcelo; quero o próprio Marcelo para exercer a função". A agência retrucou, dizendo que não poderia mediar aquela contratação, pois tinha me levado à Pernambucanas alguns anos antes. Em contrapartida, prometeu encontrar o melhor CEO para o Magazine. Mais uma vez, Luiza insistiu: "não quero o melhor, quero especificamente esse profissional".

A experiente empreendedora havia encontrado em mim alguém que comungava de seus valores e princípios. Após algum tempo, o mundo deu voltas e acabei encontrando no Magazine um caminho para me realizar como profissional. Topei o desafio justamente quando a corporação se arrojava no mercado e abria uma expressiva quantidade de lojas. A tarefa me fascinou, assim como seduziu muitos jovens que foram cuidar dessas filiais.

Tenho muito orgulho de ter participado também do processo de formação e capacitação de Frederico, filho de Luiza, para o qual, após quase sete anos, transferi meu bastão de CEO. Era um rapaz talentoso e que, obviamente, conhecia muito bem o espírito da empresa, com a qual teve contato desde que nasceu. Colaborei, transmitindo-lhe meus conhecimentos e sugerindo caminhos. Foi uma experiência singular, em que o gestor profissional ofereceu seus préstimos a um membro da família controladora do negócio.

Concluída a sucessão, o novo capitão do time vem honrando todos os compromissos assumidos diante da mãe, dos tios, dos diretores, dos gerentes e dos demais colaboradores. Trabalha com afinco para manter a empresa na vanguarda do setor, mas também se empenhou em preservar seus valores. O Magazine se tornou mais rápido, mais digital e mais inovador. No entanto, conservou-se atencioso com os clientes, procurando decifrar e atender às suas demandas. A empresa permaneceu afável, criteriosa e sempre disposta a dialogar com o que se convencionou chamar de *stakeholders*.

Além disso, consolidou-se como uma companhia capaz de estimular e desenvolver seus colaboradores. Em 2021, mais uma vez foi escolhida como a melhor grande empresa do Brasil para se trabalhar, de acordo com o *ranking* do Instituto Great Place to Work (GPTW).[40] Entre as organizações com mais de 10 mil funcionários, obteve o quinto lugar em 2023.[41] Por esse motivo, segue conquistando os melhores gestores profissionais. Eles não se agregam ao time somente por bons salários, mas porque consideram que ali podem aprender, prosperar e obter a realização.

É certo que a concorrência procura, mesmo que discretamente, tomar os funcionários que se destacam na empresa. É natural do mercado. No entanto, raramente esses competidores logram êxito. A proposta salarial pode ser atraente, mas é difícil persuadir alguém que trabalha em uma companhia consolidada, na dianteira de seu segmento, criativa, construtora de novos paradigmas de eficiência e lucratividade, reconhecida por cuidar de seus colaboradores e respeitá-los.

Enfim, hoje a gestão profissional é fundamental ao desenvolvimento das empresas familiares. É necessário, porém, que essas companhias construam uma cultura de formação contínua e habilitem seus contratados a encarar desafios nos campos da competição de mercado, da inovação tecnológica e da participação em projetos sociais e ambientais. Realizar essa missão estratégica exige um pacto de cooperação proativa entre os membros do grupo controlador.

É preciso que os profissionais compreendam as condições singulares das empresas fundadas e tocadas por famílias. É necessário que se aprimorem na comunicação e nas relações

---

[40] Ranking GPTW — https://gptw.com.br/ranking/melhores-empresas/?ano=2021& tipo=Nacional+ou+Am%C3%A9rica+Latina&ranking=Nacional&corte=Grandes+ %28mais+de+10.000+funcion%C3%A1rios%29, acesso em 12/01/2022.

[41] Ranking GPTW 2023 — https://conteudo.gptw.com.br/150-melhores?_gl=1*ecuo4y* _ga*MzUxMDgyNjc2LjE3MDMyNzYyNTU.*_ga_NK8RRP96Y8*MTcwMzI3NjI1 NC4xLjEuMTcwMzI3NjMwMC4xNC4wLjA.&_ga=2.68047697.1158047786.17032 76257-351082676.1703276255#rd-text-l9bmqo1j, acesso em 22/12/2023.

EMPRESAS FAMILIARES

humanas. Devem, pois, respeitar tradições e, com inteligência e pertinência, formular soluções em que as virtudes do clã se harmonizem com a experiência externa de gestão. Este é o caminho que se abre para o futuro.

6

INTEGRIDADE

Os valores inegociáveis de uma empresa

—

A palavra integridade deriva do latim *integritate*. Diz respeito a algo inteiro, sem fendas, sem rupturas. O cidadão íntegro é mais do que simplesmente honesto. Ele age corretamente, com coerência, franqueza, bom senso e respeito pelo outro.

Há uma pequena história do líder indiano Mohandas Gandhi que explica o conceito. Certa vez, uma mãe levou seu filho para uma conversa séria com o líder pacifista. Seu desejo, no entanto, era modesto: pedia para que ele orientasse o menino a não comer açúcar, a fim de preservar a saúde geral e a beleza dos dentes. Gandhi evitou a palestra e pediu para que retornassem um mês depois. Na visita seguinte, ele atendeu à demanda e mostrou pacientemente todos os efeitos nocivos da ingestão abusiva de doces. A diligente senhora perguntou então ao mahatma qual tinha sido a razão para a recusa da conversa no encontro anterior. Sereno e sincero, Gandhi confessou que, na época, tinha ele próprio se deliciado com alimentos açucarados. Não se sentira, portanto, confortável em recomendar ao rapaz a rejeição de produtos que o tinham agradado.[42]

---

[42] Breaking the sugar habit — An inspirational story attributed to Gandhi, Habits for Wellbeing, Jane Taylor, https://www.habitsforwellbeing.com/breaking-the-sugar-habit-an-inspirational-story-attributed-to-gandhi/, acesso em 05/01/2022.

Marcelo Silva

O oposto da integridade é a corrupção. O termo, segundo Santo Agostinho, combina as palavras *cor* (coração) e *ruptus* ou seja, pervertido. Kant, o filósofo, acreditava que temos essa tendência natural ao desvio: "somos um lenho torto do qual não se extraem tábuas retas". Evitar essa tendência natural, portanto, exige educação, esforço e autocontrole.[43]

Há uma escandalosa história da antiga Roma que pode mostrar o sentido da palavra corrupção. No ano 193, Pertinax foi proclamado imperador, na manhã seguinte ao assassinato do perverso Cômodo, que você provavelmente viu retratado no filme *Gladiador*, de Ridley Scott. Como não pagou os "donativos" da guarda pretoriana, foi vítima de uma conspiração e teve o mesmo fim do antecessor, depois de apenas 86 dias na função.

Ocorre, então, uma cena inusitada que mostra como a "integridade" do poder tinha sido rompida. Leiloou-se a posição mais importante do império. No lado de dentro do quartel dos pretorianos, Tito Flávio Sulpiciano dava seus lances. No lado de fora, Dídio Juliano fazia o mesmo. O segundo rompeu a barreira física e moral ao prometer 50 mil sestércios a cada soldado, em um episódio que exibe o oportunismo e a ganância como inimigos da justiça e civilidade.

Lógico que não foi o primeiro caso de corrupção em Roma, mas o simbolismo dessa negociação fraudulenta é sempre destacado pelos historiadores. O entusiasmado Dídio assumiu em março e foi assassinado em junho, principalmente por não honrar sua dívida com os corruptos.[44]

Muitas vezes, porém, a conduta de natureza corrompida não pode ser provada por evidências e não pode ser punida pela lei. Na vida pública e privada, é frequente a frase: "nenhuma ilegalidade foi cometida". Este é conteúdo padrão, por exemplo, das notas oficiais de partidos e dos próprios políticos acusados de burlar as regras eleitorais e de obter contribuições irregulares de empresas privadas.

---

[43] Corrupção e poder, Jornal do Brasil, Leonardo Boff (17/06/2005), Outras Opiniões, p. 11.

[44] Gibbon, Edward; Declínio e Queda do Império Romano, Companhia das Letras, 2005.

EMPRESAS FAMILIARES

Vale frisar que muitos candidatos a cargos eletivos criticam as agremiações partidárias, dizem que estão desfiguradas e, assim, tentam esquivar-se das críticas da sociedade. Costumo reagir indignado em pensamento: "mas de que partido político você está falando, cara pálida?". Afinal, o partido é uma mera representação simbólica. O partido é, na verdade, o político. Se a coisa pública é corretamente gerida, é mérito dele. Se há corrupção, desmandos, descasos e roubalheira, também é responsabilidade dele, por atos ou omissões. Os partidos deveriam reunir pessoas com os mesmos conceitos, condutas e práticas. Portanto, é lamentável quando uma figura pública se manifesta com a famigerada desculpa: "não fui eu, mas o partido".

Muitas condutas não são ilegais, mas ferem os princípios éticos, ou seja, aqueles estabelecidos no conjunto das regras universais de convivência e respeito pelos direitos do outro. Considere uma situação hipotética. Você está na sala de espera de um grande hospital, ao lado de várias outras pessoas que padecem da mesma forte gripe. De repente, fura a fila e passa à frente de pessoas que tinham preenchido a ficha uma hora antes. Aí, você descobre a razão: seu cliente, dono do hospital, foi informado de sua presença e quis lhe fazer um agrado. Se você aceitar o privilégio, provavelmente não será preso ou processado. No entanto, é certo que terá rompido com as normas naturais da vida social.

Por fim, é preciso ainda definir o que é moral e o que não é, conforme os hábitos e costumes de uma nação ou povo. Se você aparecer pelado na festa de aniversário de 15 anos de seu filho, provavelmente será xingado, detido e acusado de promover atentado ao pudor. Se fizer o mesmo em uma tribo indígena, porém, poderá ser alegremente saudado pelos anciãos, que o convidarão a pintar seu corpo e a participar de um ritual de bênçãos.

As questões morais estão condicionadas, portanto, ao lugar e ao tempo. Em 1978, duas mulheres que se beijassem em público causariam espanto, indignação e tumulto. Em 2024, manifestações de homoafetividade são comuns e consideradas normais,

Marcelo Silva

especialmente pelos jovens. Até recentemente, ser LGBT equivalia a ser um leproso na época de São Francisco de Assis. Hoje, empresas dos mais diversos setores, como construtoras de imóveis residenciais, empenham-se em adotar uma conduta *gay-friendly*.

A escravidão é antiética e também imoral. No entanto, houve um tempo em que era considerada absolutamente normal. No mundo latino, até mesmo a Igreja encontrava argumentos para justificá-la. No Brasil, por séculos, a quantidade de escravos colaborava na construção da reputação dos senhores da terra. Se abrigasse muitos cativos em sua senzala, bem ilustre era considerado o fazendeiro. Hoje, felizmente, merecem admiração justamente aqueles que se dedicam a erradicar o racismo e a patrocinar os movimentos pela igualdade de direitos.

Minha experiência de integridade

Trabalhei a maior parte de minha vida em empresas familiares, nas quais os conceitos de interesse coletivo, humildade, altruísmo e integridade são fundamentais à cultura corporativa. Em várias ocasiões, vi profissionais estabelecidos que, de repente, deixavam a empresa e iam prestar serviços para os concorrentes. Não há leis que proíbam esse tipo de transferência. Porém, algumas dessas pessoas não levavam somente o conhecimento adquirido, mas também informações estratégicas, ou seja, bens intangíveis de propriedade do ex-empregador. Não é ético, tampouco moral.

Algumas empresas exigem que seus colaboradores assumam o compromisso de fazer uma quarentena após deixarem seus cargos, caso pretendam atuar em uma companhia do mesmo ramo. Penso que seja esta uma exigência justificável.

Enquanto ocupava o cargo de CEO do Magazine Luiza, e também depois de cumprir essa missão, recebi convites de várias empresas que me queriam como conselheiro. Recusei todos aqueles de companhias que tivessem algum conflito de interesse com o meu principal

EMPRESAS FAMILIARES

empregador. Quando me retirei da diretoria executiva, não assinei qualquer documento, mas garanti que, nos dois anos seguintes, não prestaria serviços para qualquer concorrente. Como me tornei membro do Conselho de Administração, estendi indefinidamente esse prazo. Enquanto mantiver algum laço com a companhia, asseguro essa relação de fidelidade e exclusividade, comprometendo-me a não servir à concorrência. No caso dos executivos, considero que essa conduta é fundamental. Há quem diga assim: "eu preciso defender o leite dos meninos". Eu retruco com sinceridade: "cada um defende o leite dos meninos do jeito que lhe aprouver". Nunca passei necessidade por observar à risca essas normas de conduta.

Ao ser abordado, sempre respondi que não me interessava por cargo em nenhum competidor em atividade no mercado. "Não vou ouvir sua proposta nem quero ver o *compensation plan*, porque se trata de uma empresa do mesmo setor", anunciei a um *headhunter* que me questionou quanto à minha postura. Também gostaria de frisar que a oportunidade frequentemente leva o cidadão tido como correto a torcer sua biografia. As tentações não faltam no ambiente dos altos executivos.

Sei que muitos gestores se deixam levar pelo canto da sereia. E tantos outros recusam as gordas remunerações porque preferem ser coerentes e preservar a retidão moral. Em muitas empresas, esses padrões de *compliance* são subvertidos quando a única meta é buscar os chamados resultados financeiros e agregar valor para o acionista. Em abril de 2018, a professora e consultora Betania Tanure escreveu para o jornal *Valor Econômico* um artigo que lança luzes sobre a questão.[45] Reproduzo abaixo alguns trechos.

> Há um iminente risco na atual moda gerencial de exaltar o propósito e a cultura, tratando-os de modo superficial ou no velho estilo

---

[45] Propósito não pode ser mais um modismo gerencial, Valor Econômico, Betania Tanure (12/04/2018), https://www.valor.com.br/node/5446303, acesso em 12/01/2022.

Marcelo Silva

"para inglês ver". Um exemplo concreto está no pensamento de que o propósito empresarial é dirigido unicamente pelos resultados econômico-financeiros, ou pela cultuada expressão "agregação de valor para o acionista". Devo dizer: isso não é propósito! Na mesma linha, acredita-se firmemente que é possível implantar *compliance* sem mexer na cultura. Definitivamente, não é!

Para quem acredita que nos dias de hoje ainda se pode surfar nessas modas gerenciais, vale saber que, na contramão dessa crença, as empresas que prosperam de modo consistente não buscam simplesmente a apropriação de valor, pois são conscientes do prejuízo que essa prática pode representar para o bem-estar da sociedade. Já as que atuam sem se preocupar com seu papel social estão usando o "cheque especial" da sua credibilidade, muitas vezes sem se dar conta disso, inebriadas pelo sucesso.

Empresas agregam mais valor à sociedade quando inovam, quando são íntegras, quando contribuem para o desenvolvimento das pessoas que estão à sua volta. Não vamos nos iludir, também temos que conviver com a pressão dos mercados para resultados de curto prazo. A verdadeira competência está em calibrar adequadamente essas tensões. (...)

Surge agora no Brasil o esboço de uma filosofia diferente de gestão, ancorada na melhor compreensão da motivação individual, da motivação corporativa e da motivação de construção de um país melhor e mais justo. Chegou a hora de descartar o antigo paradigma de gestão e abraçar pronta e entusiasticamente esse novo paradigma, fundado na criação de valor, na busca de um propósito verdadeiro, na integridade da cultura. Como fazer isso? Não basta ter a intenção. Essa mudança demanda esforço, trabalho e muita disciplina. Se isso não for feito, o *gap* que separa o poder econômico das empresas de sua legitimidade social continuará a aumentar, impedindo o crescimento potencial dos brasileiros, das suas empresas e do país.

No dia seguinte, enviei-lhe um *e-mail*, parabenizando-a pela coragem de expor seus pontos de vista. Escrevi basicamente o seguinte:

Compartilho de tua visão, Betania: criamos modismos o tempo todo. Agora é *compliance, corporate governance, purpose...*

Na realidade, somente com integridade, teremos *compliance* efetivo. Somente com respeito e transparência com os *stakeholders*, teremos governança. Somente com ações verdadeiras e genuínas, faremos realizar-se o propósito decente, seja na vida pessoal, seja nas organizações das quais participamos, privadas e públicas.

A correspondência acima toca em uma questão fundamental da psicologia das relações humanas nos ambientes de trabalho. Na clássica Pirâmide de Maslow, de 1943, o mais alto estágio está associado à noção de "nos tornarmos o que somos", conforme a ideia original do poeta grego Píndaro. É quando a pessoa atinge seu potencial, tornando-se o bom gestor, o exímio desenhista, o matemático que soluciona problemas complexos, o professor que inspira e transmite o conhecimento. Nessa dimensão, o indivíduo exercita a criatividade, conduz-se de acordo com altos padrões morais, cultiva a integridade e se expressa de maneira autêntica.

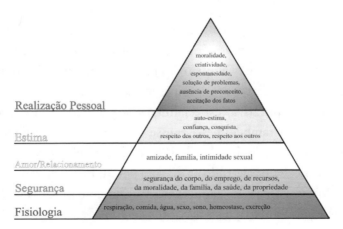

Marcelo Silva

Hoje, no entanto, a realização está frequentemente associada à noção de sucesso. Nesse conceito, a ideia vigente é acumular títulos acadêmicos, ocupar altos cargos, constituir rico patrimônio e, principalmente, ser admirado pelos amigos e invejado pelos adversários. Este êxito difuso e perigoso se tornou imperativo até mesmo para o bem-estar e para a felicidade.

Lógico que não é agradável liderar todo o campeonato e perder o título na última partida. Como é frustrante constituir uma empresa, compor um bom projeto e perder a maior licitação da década! Mesmo assim, precisamos compreender e valorizar as pequenas vitórias, as conquistas parciais, os desafios superados durante a trajetória, o conhecimento adquirido e o bem alcançado, para si mesmo e para o coletivo.

Na visão de muitos jovens torcedores de hoje, a Seleção Brasileira da Copa do Mundo de 1982, com Zico, Falcão e Sócrates, simplesmente fracassou. É evidente que, revendo as cenas do fatídico jogo contra a Itália, ficamos chateados e até revoltados. No entanto, parece injusto que toda a análise esteja concentrada na derrota no estádio Sarrià, em Barcelona. Hoje, raramente se reprisa, por exemplo, a magnífica vitória por 3 a 1 sobre a Argentina naquele campeonato.

As pessoas de hoje estão condicionadas a validar, de maneira preferencial, o desempenho daqueles considerados campeões. A sociedade tem dificuldade para perceber que as grandes conquistas humanas são parte de um processo. Os coquetéis de medicamentos que reduziram drasticamente a letalidade da AIDS, por exemplo, são o resultado de diversas pesquisas, realizadas por diferentes equipes de cientistas. O aprimoramento contínuo, a partir de tentativa, erro e acerto, conduziu à boa fórmula.

Na vida corporativa, especialmente a partir dos anos 1980, passamos a viver também nesse transe de competição ferrenha e de obsessão pelo primeiro lugar. É de 1987 o filme *Wall Street*, de Oliver Stone, que mostra o vale-tudo na disputa por dinheiro, *status* e poder. O mundo viveu uma crise naquele mesmo ano, com a chamada *Black Monday*, e outra muito mais grave, a dos *subprimes*, entre 2007 e 2008,

EMPRESAS FAMILIARES

com efeitos que se prolongaram por quase uma década. No entanto, muita gente ainda se apega à ideia de "o sucesso a qualquer preço", expressão que serve de título a outro filme revelador das aflições do mundo dos negócios, este de 1992, do diretor James Foley.

Em 1994, eu trabalhava no Bompreço e vivi uma situação de aflição, quando os bancos começaram a cortar os limites de crédito, após a implantação do Plano Real. Precisávamos de dinheiro para continuar financiando nossas operações. Em dado momento a situação se tornou crítica e imaginei que a empresa poderia ter problemas de solvência. Estávamos começando a encontrar dificuldades nas negociações com fornecedores. Saí atrás de dinheiro, mas foi muito difícil encontrá-lo. Eu corria a Avenida Paulista em São Paulo, recebia negativas e dormia à base de tranquilizantes. No fim de 1995, conseguimos um meio de obter dinheiro de fundos de pensão por meio do lançamento de debêntures imobiliários. Dois dias antes do Natal, recebemos os recursos da transação. Pagamos dívidas atrasadas e a empresa respirou.

Nossa façanha foi celebrada e reconhecida. Naquela luta desesperada por recursos financeiros, tínhamos conquistado uma espécie de campeonato, algo como uma Libertadores da América ou Champions League. Mas fica a pergunta: será que aqueles que não conseguiram financiamentos eram incompetentes? Muitas empresas encerraram suas atividades naquela época. Outras, das mais diversas áreas, tiveram o mesmo fim em 2008, 2009, 2015, 2020 e 2021, mesmo com práticas de gestão modernas, bons produtos e colaboradores capacitados. Hoje, compõem a sombria galeria dos empreendimentos fracassados.

O mundo dos negócios precisa, pois, redefinir o conceito de profissional bem-sucedido e de empresa bem-sucedida, até mesmo quando a proposta é estabelecer quem merece incentivos ou a injeção de capital de investimento. No caso específico da gestão, os financistas olham muito estreitamente para o *bottom line*. Há empresas que montam boas equipes, formam bons ambientes de trabalho, desenvolvem processos ágeis, agregam tecnologia e atendem bem ao cliente. No entanto, se não alcançam bons resultados numéricos, são logo penalizadas pelo mercado. Essa pressa e essa urgência matam muitas *startups* e também muitas companhias consolidadas, que precisariam de um apoio para vencer fases difíceis, derivadas de crises sistêmicas da economia ou de movimentos de reacomodação do mercado.

É evidente que as empresas precisam ser economicamente sustentáveis, que o caixa precisa ser irrigado e que a lucratividade precisa validar a operação e o esforço. Porém, é preciso que a análise de viabilidade leve em conta outros fatores, para além da frieza dos números. Uma companhia feita para durar deve, sobretudo, ter claro seu propósito, que vai muito além de simplesmente gerar lucro. O Bompreço tinha sua filosofia muito bem definida. Era uma empresa movida pela força da ação empreendedora, pela seriedade, pelo trabalho, voltada ao crescimento permanente e sustentável. Havia uma declaração institucional que resumia esse espírito realizador: *"Nossas ações estão sempre baseadas em princípios éticos, morais e legais; no respeito às pessoas em todos os níveis".* Na época em que foi escrito este texto, a palavra "integridade" não era muito usada no mundo corporativo. Hoje, as empresas abertas são até mesmo obrigadas a adotar "programas de integridade".

Missão do antigo Grupo Bompreço

Como não se faz

A falta de respeito, a desatenção, o desprezo, a ausência de zelo, a inveja, o autoritarismo, o egoísmo, a preguiça e a disputa de poder são capazes de arruinar um negócio promissor e enterrar um sonho.

Certa vez, ao entrar na sala de um conceituado advogado, ele me fez sinal para aguardar um momento, pois estava por terminar uma conversa telefônica. Sem querer ser intrometido, logo compreendi o teor do diálogo.

Um empreendedor havia erigido uma linda companhia. Morrera precocemente, ainda longe da idade avançada, mas a deixara "nos trinques", com as contas em dia, uma equipe de trabalho sincronizada, operação calibrada e excelente carteira de clientes. O que ocorria, então? Dois irmãos, os herdeiros, estavam brigando furiosamente pelo posto de principal mandatário. Um assumia e, de repente, chegava uma ordem judicial para empossar o outro.

A empresa tinha sido estruturada para ser duradoura, porque neste mundo nada é permanente, mas estava prestes a se converter em um sucesso efêmero. Nessa disputa pelo poder, os colaboradores já estavam confusos em relação à hierarquia, os fornecedores já não sabiam com quem negociar e muitos clientes percebiam que os problemas internos estavam afetando o atendimento. Segundo me explicou posteriormente o advogado, "estavam detonando uma empresa que era espetacular".

A disputa pelo poder pode ser destrutiva, tanto para uma corporação quanto para as pessoas. Naquele momento, os litigantes já não dormiam bem, tinham problemas de relacionamento com os outros parentes e estavam ambos com a saúde comprometida.

A busca obsessiva por poder e sucesso pode mesmo destruir a vida dos profissionais. Esse mal-estar se tornou mortal e epidêmico. No mundo atual, situações-limite ocorrem em países como o Japão, onde se multiplicam os casos de *karoshi*, termo que designa a morte por excesso de trabalho. Em 2017, vários casos viraram

Marcelo Silva

notícia nos jornais do mundo inteiro. Ganhou destaque o caso de Naoya Nishigaki, um rapaz de 27 anos que trabalhava em uma grande empresa de telecomunicações. Ele viu o primeiro emprego como ótima chance de prosperar no competitivo ambiente corporativo do país. Chegava a dormir no escritório e fazer jornadas de 37 horas ininterruptas. Morreu em decorrência de uma *overdose* de medicamentos, e seu caso foi considerado oficialmente *karoshi*.[46]

Em 2013, o país já se comovera com a morte da repórter Miwa Sado, de 31 anos, da NHK, que sofreu um ataque cardíaco depois de acumular 159 horas extras em um único mês. Dois anos depois, Matsuri Takahashi cometeria suicídio aos 24 anos. Funcionária da agência de publicidade Dentsu, ela se encontrava em estado de privação de sono e tinha se habituado a fazer turnos prolongados nos meses que antecederam sua morte.[47]

Os consultórios dos psiquiatras, inclusive no Brasil, estão lotados de pessoas estressadas ou mesmo desesperadas. Em razão de descompassos na vida profissional, dormem mal, comem mal e se relacionam mal com a família. O estresse é como o colesterol: tem o bom e o ruim. O primeiro é aquele decorrente de um desafio que exige dedicação, mas que mantém o profissional motivado e feliz. O segundo é aquele que drena as energias, gera frustração e rouba a saúde. Esse é frequentemente resultado do excesso de trabalho somado à pressão psicológica.

Por vezes, as pessoas trabalham demais porque efetivamente querem subir rápido na carreira, porque querem provar empenho ou porque traçam metas irrealizáveis. Em outras situações, o excesso está associado à falta de eficácia, de *expertise*, de equipamento adequado

---

[46] Os jovens japoneses que estão trabalhando literalmente até a morte, BBC News Brasil, Edwin Lane (10/06/2017). https://www.bbc.com/portuguese/internacional-40140914, acesso em 05/01/2022.

[47] Jornalista morre após acumular 159 horas extras no Japão, O Estado de S. Paulo (06/10/2017), https://economia.estadao.com.br/noticias/geral,jornalista-morre-apos-159-horas-extras-no-japao,70002030735, acesso em 05/01/2022.

EMPRESAS FAMILIARES

ou de orientação dos superiores. No Brasil, a baixa produtividade está diretamente associada a uma educação laboral pouco evoluída. As pessoas trabalham demais, desperdiçam muito, demoram a efetuar as entregas e muitas vezes não alcançam o padrão de qualidade desejado.

Por um vício mantido desde tempos imemoriais, há empresários e gestores que enxergam com bons olhos a dedicação infindável do colaborador. É um equívoco, entretanto. Privadas de sono, exercícios físicos, contatos sociais, divertimento e experiências de educação continuada, as pessoas rendem menos e pouco contribuem para o desenvolvimento da empresa.

Em muitas empresas familiares esse "casamento" com o trabalho é particularmente difícil. Marido e mulher ou pais e filhos deixam a empresa e, no caminho de casa, ou à mesa do jantar, continuam a discutir questões relativas ao lançamento do novo produto, ao pagamento dos fornecedores ou à contratação do novo gerente. Essas situações se agravam especialmente em períodos de sucessão. Os membros da geração que se aposenta nem sempre têm o devido zelo para ensinar; os que vão assumir o bastão, igualmente, nem sempre têm a devida paciência para ouvir.

Para sintetizar o pensamento, vale dizer que extremos nunca nos conduzem a bom destino. Política não é algo bom ao extremo. Religião não é algo bom ao extremo. Nem futebol. O melhor é o caminho do meio. Dessa forma, é preciso dividir corretamente o tempo entre a casa em que a gente mora e a casa onde a gente trabalha.

Sempre trabalhei muito, mas quase sempre feliz. Quando é assim, a vida profissional ativa as mesmas áreas do cérebro que são estimuladas em momentos de prazer e divertimento. No caso das empresas familiares, há um detalhe importante, que frequentemente é esquecido nas análises sobre o tema. Na sala da presidência de uma indústria, no laboratório de uma fábrica de perfumes ou atrás de um carrinho de pipoca, as pessoas podem vivenciar, em parceria, o mesmo amor e carinho que nutrem umas pelas outras na vida da casa. O Paulo e a Maria sentem-se contentes por dividir

Marcelo Silva

a mesma cama e, durante o dia, trocar ideias complementares para a propaganda do novo cliente. Na velha oficina de bicicletas artesanais, o Seu João sente-se feliz ao ensinar o neto, o Marquinhos, a instalar uma manopla ou regular um freio. Nessas interações, o lúdico pode estar presente e garantir a satisfação compartilhada. No fim das contas, felicidade é equilíbrio. É paz de espírito. É ter sabedoria para viver duas vidas em uma.

7

CONDUTA

Vada a bordo, cazzo!

—

Houve um tempo em que fazíamos uma distinção radical entre aspectos da vida pessoal e aspectos da vida profissional do indivíduo. Era como se existissem duas *personas*, uma delas relacionada à família, aos amigos e à comunidade; outra, somente à empresa.

A ideia ultrapassada é de que, no trabalho, somos como atores, representando papéis. Nesse paradigma, não se exige de um policial sem farda que seja tão zeloso com a lei, um atendente não precisa ser gentil ao tratar com seus vizinhos e um médico pode propagandear comportamentos incompatíveis com a manutenção da boa saúde. Imagine um padre ou pastor que, longe do púlpito, abandone os conceitos de seus próprios ensinamentos.

Hoje, o pensamento sobre a gestão evoluiu. Estão se apagando os limites entre essas duas dimensões da vida. Cada um de nós é uma só pessoa, indivisível, cujos traços de caráter devem estar presentes nas mais diferentes situações. Em outro de meus livros, sugeri que os profissionais de recrutamento promovessem jogos de futebol entre os candidatos. Na disputa da bola, os indivíduos costumam mostrar quem realmente são. É assim que descobrimos quem é realmente colaborativo (oferece assistência aos colegas de time mais bem colocados), quem é realmente ético (jamais simula

Marcelo Silva

uma queda para se beneficiar de um pênalti inexistente) e quem realmente pratica o respeito pelo outro (prefere perder uma jogada a ferir o atleta adversário). Aqueles de bom caráter dentro das quatro linhas provavelmente vão agir da mesma forma na fábrica, no escritório ou no ponto de venda.

Situações marcadas pelo perigo ou pela escassez também são capazes de revelar a verdadeira índole das pessoas. O naufrágio do Titanic, em 1912, mostrou gente de elevado *status* social pisoteando mulheres e crianças para escapar da tragédia no primeiro bote. Em 2017, ao contrário, uma humilde professora do interior de Minas Gerais teve 90% do corpo queimado e deu a própria vida para salvar crianças de uma creche incendiada por um vigia com problemas mentais.[48]

Mas há também muitos casos de heroísmo e dedicação, misturando a vida pessoal e a profissional. Em 1977, por exemplo, o sargento do exército Silvio Holenbach estava deixando o zoológico de Brasília, onde se divertira com a família, quando ouviu gritos desesperados. Eram de Adilson Florêncio da Costa, à época com 13 anos, que havia caído no tanque das ariranhas e por elas estava sendo atacado. Holenbach não pensou duas vezes. Recordou seu treinamento, pulou na água e, com tremenda dificuldade, conseguiu salvar o menino. Sofreu, no entanto, mais de 100 mordidas e veio a falecer, dias depois, no hospital.[49]

Na mesma cidade, também em 2017, um policial militar fez valer seu preparo na tropa, enfrentou o fogo e salvou vinte pessoas em um incêndio.

---

[48] Morre professora que tentou salvar crianças em creche de MG, UOL (05/10/2017), https://noticias.uol.com.br/cotidiano/ultimas-noticias/2017/10/05/professora-que-tentou-deter-seguranca-em-creche-tem-90-do-corpo-queimado.htm, acesso em 06/01/2022.

[49] Morte de sargento que salvou menino no Zoo completa 40 anos, Correio Braziliense (31/08/2017), https://www.correiobraziliense.com.br/app/noticia/cidades/2017/08/31/interna_cidadesdf,622536/morte-de-sargento-que-salvou-menino-no-zoo-completa-40-anos.shtml, acesso em 11/01/2022.

EMPRESAS FAMILIARES

Em 2012, nas proximidades da ilha de Giglio, na Itália, o mundo se envergonhara com uma atitude oposta. O comandante do Costa Concordia, Francesco Schettino, contrariou a lei dos mares e abandonou tripulantes e passageiros de seu barco que se chocara com arrecifes. Na tragédia, morreram 32 pessoas. Ficou famosa, na época, a frase do capitão Gregorio De Falco, da Guarda Costeira, dirigida ao covarde Schettino: *"vada a bordo, cazzo!"*. Era a justa expressão de indignação de um gestor responsável em relação a um profissional que desprezava a ética de seu ofício.[50]

A história antiga oferece muitos exemplos de valentia e também de omissão. No estreito das Termópilas, em 480 a.C., o famoso Leônidas, de Esparta, resistiu bravamente ao avanço do persa Xerxes. Como líder e guerreiro, deu a vida para retardar o avanço do poderoso inimigo. Assim, garantiu a reorganização das forças gregas, que a seguir triunfariam sobre o invasor. Esse ato de bravura é revivido até hoje em romances, espetáculos teatrais e filmes de Hollywood. Os livros registram um exemplo distinto na Batalha de Tricamaro, no século V. O líder dos vândalos da África, Gelímero, mesmo tendo muito mais homens, fugiu das tropas lideradas pelo general Belisário, do Império Romano do Ocidente. Além de perder o respeito de seu povo, teve interrompido seu reinado e permitiu que suas cidades na Sardenha, na Córsega e nas ilhas Baleares caíssem sob o domínio dos inimigos.[51] [52]

Em décadas de trabalho, aprendi que o propósito de servir frequentemente se aplica a todas as áreas de atuação humana.

---

[50] Naufragio Costa Concordia, Schettino condannato in appello: confermati i 16 anni, Corriere della Sera, Marco Gasperetti (31/05/2016), https://www.corriere.it/cronache/16_maggio_31/naufragio-costa-concordia-schettino-condannato-appello-confermati-16-anni-13dfa024-2725-11e6-973c-618c0085e50b.shtml, acesso em 10/01/2022.

[51] Cartledge, Paul. Thermopylae: The Battle That Changed the World, Woodstock, Nova Iorque: The Overlook Press, (2006).

[52] FULLER, J.E.C, Batallas decisivas del mundo occidental y su influencia en la historia. [S.l.]: Barcelona, Luis de Caralt, (1963).

Marcelo Silva

Quando o caráter define essa opção, o indivíduo se conduz de maneira voluntária para manter sua família, gerar bem-estar para sua comunidade e, inevitavelmente, fazer prosperar sua empresa, seja dela proprietário ou colaborador.

Até bem pouco tempo, ganhavam rasgados elogios aqueles que diziam colocar o interesse profissional acima de tudo. Bem, não é mais assim, especialmente nas empresas em que a cultura de gestão aboliu o vale-tudo na busca por resultados. Mesmo em nome de gordos lucros, um engenheiro do setor energético, por exemplo, não pode tomar parte em um projeto que causará danos ao meio ambiente. Tampouco um agente de saúde privado pode indicar procedimentos clínicos desnecessários apenas para elevar os ganhos dos gestores do convênio.

É preciso desconfiar daqueles que se dizem apenas "profissionais" e que justificam com esse argumento fácil suas condutas mais controversas. Muitas vezes, são pessoas que buscam glórias imediatas, decorrentes de ações que nem sempre geram benefícios duradouros para as corporações. Miram, sobretudo, aumentos de salário, gratificações e promoções. Ainda hoje, há donos de negócios que se iludem com essas figuras. Acreditam que ali está um servidor fiel, que tudo fará para que a empresa se desenvolva rapidamente.

O problema é que, muitas vezes, esses indivíduos, muitos deles pais de família respeitáveis, colocam o interesse pessoal em primeiro lugar. Como capatazes inclementes, por exemplo, podem destruir a relação sadia da direção da empresa com seus colaboradores. Como gestores irresponsáveis, podem conduzir negócios pouco convencionais. Foi o caso de Nicholas Leeson, o jovem ousado que ganhou projeção no Barings, o mais antigo banco de investimento da Inglaterra. Em suas primeiras ações, ele realizou operações especulativas que produziram ganhos de capital da ordem de £10 milhões para a instituição. Ganhou logo um bônus de £130 mil.

Leeson continuou jogando, sem muito critério, até que sua sorte começou a mudar. Escondeu, entretanto, suas perdas em contas secretas. Em janeiro de 1995, quando tinha 27 anos de idade,

EMPRESAS FAMILIARES

executou operações arriscadas nos mercados asiáticos e se deu muito mal. No mês seguinte, o banco declarou insolvência.[53]

Não há limites para profissionais delirantes como Leeson, que passou alguns anos de sua vida na prisão. São apostadores arrojados. A fim de turbinar lucros e "mostrar serviço", não temem ignorar os princípios de *compliance* que deveriam nortear a organização. A história das corporações prova que muitos desses "viram a casaca" facilmente e logo vão servir a outros *players* do mercado. Não são raros os casos dos que vendem segredos estratégicos para a concorrência.

Entre os "superprofissionais" na categoria sênior também há aqueles que enveredaram pelo mau caminho. Harold Warden, executivo de prestígio na Kodak, aposentou-se e, em seguida, vendeu a competidores informações estratégicas sobre projetos de inovação em produtos. Foi condenado a 15 meses de prisão e US$ 53,4 mil de multa, em 1997.[54]

No mesmo ano, o dedicado Steven Louis Davis, engenheiro da Wright Industries, uma empresa subcontratada da Gilette, julgou-se injustiçado por ser mantido em um cargo que julgava aquém de suas competências. Queria uma promoção que não lhe concediam. Como vingança pelo suposto descaso dos superiores, resolveu entregar segredos industriais da Gillete para concorrentes, como a Bic e a American Safety Razor. No papel de espião traidor, divulgou informações sigilosas sobre o desenvolvimento do aparelho de barbear Mach 3. Resultado: acabou preso pelo FBI e teve a carreira arruinada. Em 1998, foi sentenciado a 27 meses de prisão e condenado a pagar US$ 1,3 milhão de multa.[55]

---

[53] Barings collapse at 20: How rogue trader Nick Leeson broke the bank, Jason Rodrigues (24/02/2015) — atualizado em 27/06/2019, https://www.theguardian.com/business/from-the-archive-blog/2015/feb/24/nick-leeson-barings-bank-1995-20-archive, acesso em 12/01/2022.

[54] Ex-Employee Pleads Guilty In Taking of Kodak Data, The New York Times (By Blooomberg) (29/08/1997), https://www.nytimes.com/1997/08/29/business/ex-employee-pleads-guilty-in-taking-of-kodak-data.html, acesso em 02/01/2022.

[55] How to protect your client's trade secrets, Fraud Magazine, Robert Tie (Setembro/Outubro de 2008), https://www.fraud-magazine.com/article.aspx?id=2147483718, acesso em 10/01/2022.

Marcelo Silva

Esses competidores extremos, protegidos pela capa do profissionalismo, chegam a montar esquemas de pequenas (ou grandes) fraudes nas empresas, promovem intrigas e não hesitam em puxar o tapete do superior se, dessa forma, tiverem a chance de tomar--lhe o cargo, obter um aumento salarial e abocanhar comissões no fechamento de contratos.

Ao mesmo tempo, há pessoas que se portam de maneira correta na empresa. Na vida privada, no entanto, são péssimos exemplos. Não são raros os craques em suas áreas de atuação profissional que não respeitam o cônjuge, não se dedicam à educação dos filhos, não oferecem o devido apoio aos pais, estão sempre cegos às necessidades dos amigos e pouco se incomodam com as demandas coletivas. São asseados na empresa, mas jogam bitucas de cigarro em qualquer esquina. São corteses com os chefes, mas tratam garçons e atendentes de modo grosseiro. Analisam de forma meticulosa os fornecedores da empresa, mas na vida pessoal desprezam o consumo consciente e responsável. O fato é que, em algum momento, a verdadeira natureza do indivíduo vai se manifestar também na vida corporativa. Toda máscara, um dia, desprega-se do rosto que oculta.

Mas o que essas observações têm a ver com a gestão de corporações familiares? Ora, tudo! As empresas dessa natureza são justamente aquelas em que as pessoas se exercitam em papéis duplos, cruzados e superpostos. Ao mesmo tempo, são pais e chefes, esposas e sócias, primos e colegas de diretoria.

Filhos amorosos podem ser também perdulários, capazes de torrar suas economias em aventuras e frivolidades. São eles que, frequentemente, acabam por comprometer as finanças e o futuro da organização que sustenta o clã.

A família Guinle nos oferece um excelente exemplo. Começou a constituir sua fortuna no Rio de Janeiro, por volta de 1870, com um armazém de produtos importados, estabelecido pelo empresário e banqueiro Eduardo, gaúcho de origem francesa. Depois, passou a investir em imóveis e obras na área de infraestrutura. Os

EMPRESAS FAMILIARES

bilhões adicionais viriam com a concessão do Porto de Santos, assinada pela Princesa Isabel, em 1888. O grande império, entretanto, se pulverizou no tempo de Jorge Eduardo Guinle, o Jorginho, herdeiro da terceira geração que se tornou conhecido como um *playboy* excêntrico que gastava milhões em festas, viagens e aventuras eróticas.

Uma análise detalhada do caso revela motivos combinados para a ruína do grupo, como falta de zelo na gestão e equívocos na gestão financeira. Ainda assim, é certo que Jorginho nunca se empenhou nos negócios. Seu modelo de conduta nem de longe lembrava o esforço empreendedor do pai e do avô. Afinal, grandes e duradouros empreendimentos familiares se sustentam, sobretudo, em sucessores que carregam o sobrenome do fundador e renovam seu sonho na lida diária. Quando os herdeiros não estão interessados nessa tarefa, é muito improvável que a empresa sobreviva.[56]

Todo mundo conhece a Ford, gigante do setor automotivo que revolucionou a indústria moderna com o desenvolvimento científico da linha de montagem. Pouca gente sabe, no entanto, que a empresa, estabelecida em 1903 por Henry Ford, passou por maus bocados durante a Segunda Guerra Mundial. O fundador envelheceu e passou o bastão a Edsel, seu único filho, com quem não mantinha uma boa relação de trabalho. Este veio a falecer em 1943, aos 49 anos, vítima de um câncer de estômago. Nessa época, a montadora contabilizava prejuízo médio de US$ 10 milhões por mês, e o presidente norte-americano Franklin D. Roosevelt cogitou uma intervenção para garantir o esforço industrial de guerra.

À época, um jovem de 26 anos cumpriu suas obrigações com a Marinha e se juntou ao corpo diretivo da empresa. Era Henry Ford II, neto do fundador, que assumiria a presidência do grupo dois anos

---

[56] A ascensão e queda do império dos Guinle, Veja Rio, Sofia Cerqueira (02 de junho de 2017), https://vejario.abril.com.br/cidades/a-ascensao-queda-imperio-familia-guinle/, acesso em 10/01/2022.

Marcelo Silva

depois. Ele tratou de reformular e modernizar os métodos de gestão e recrutou experientes executivos da concorrência para ajudá-lo nessa missão. Além disso, contratou dez jovens profissionais, os Whiz Kids, que o ajudaram em projetos de atualização e inovação. Os esforços surtiram efeito, e a empresa se tornou novamente competitiva e lucrativa. Ford II gostava de trabalhar e não poupava esforços para valorizar a obra do avô. Com o irmão William, foi capaz de reestruturar e fortalecer o negócio da família. Em 2024, o *chairman* da companhia era William Clay Ford Jr., filho de William, sobrinho de Ford II e bisneto do fundador.[57]

Trabalho e recompensa

Essa é a pergunta que sucede qualquer esforço, seja na vida pessoal, seja na vida profissional: qual será a recompensa? Para muitos, basta um bom depósito bancário regular. Para outros, ela se concretiza também com o reconhecimento, o que, diga-se de passagem, não constitui nenhum desvio de conduta. Todos nós desejamos intimamente a aprovação, o sinal inequívoco de que estamos agindo de maneira correta e proveitosa. Há, no entanto, uma variação maliciosa desse sentimento: a vaidade, frequentemente irmã da arrogância.

Não quero aqui fazer apologia de nenhuma religião, pois os caminhos da sabedoria e da bondade são muitos e variados. Considerada a nossa tradição cristã, todavia, peço licença para reproduzir um trecho das Escrituras que trata do assunto.

Dois homens subiram ao templo para orar; um era fariseu e o outro, publicano. O fariseu, em pé, orava no íntimo: 'Deus, eu te

---

[57] The Whiz Kids, Dbusiness, Ronald Ahrens (4/02/2014), https://www.dbusiness.com/from-the-magazine/the-whiz-kids/, acesso em 10/01/2022.

EMPRESAS FAMILIARES

agradeço porque não sou como os outros homens: ladrões, corruptos, adúlteros; nem mesmo como este publicano. Jejuo duas vezes por semana e dou o dízimo de tudo quanto ganho'. 'Mas o publicano ficou a distância. Ele nem ousava olhar para o céu, mas batendo no peito, dizia: 'Deus, tem misericórdia de mim, que sou pecador'. Eu lhes digo que este homem, e não o outro, foi para casa justificado diante de Deus. Pois quem se exalta será humilhado, e quem se humilha será exaltado (2 – Lucas 18:10-14).

Não é necessária uma profunda reflexão para entender a mensagem deste pequeno empreendedor de Nazaré, o carpinteiro que trabalhou na empresa familiar iniciada pelo dedicado José. Frequentemente, a virtude e a correção não necessitam de autoexaltação e de publicidade. O que é bem feito acaba naturalmente por receber a devida validação. O fariseu da história precisava convencer Deus, tido como onisciente, de que era correto. Ao mesmo tempo, tomado de soberba, fazia questão de comparar-se aos outros, que rotulava como bandidos e pecadores. A parábola valoriza a humildade, a franqueza e a riqueza de espírito.

O raciocínio está aí para a análise do amigo leitor, mesmo aquele que não segue o Evangelho e que não acredita na santidade do Nazareno.

Convém, então, enriquecer o pensamento com a pesquisa acadêmica. A arrogância tem por oposição a humildade. A palavra tem origem no termo grego *húmus*, ou seja, a terra. Homem e humanidade também derivam dessa expressão. Humilde é, por extensão, aquele que está ligado ao chão, que nele tem os pés.

Em 2011, o pesquisador Jordan LaBouff e colaboradores publicaram no *Journal of Positive Psychology* um estudo conduzido na Baylor University sobre condutas e traços de personalidade. A conclusão mais interessante a que chegaram foi que as pessoas humildes não são apenas as mais agradáveis, mas também aquelas mais confiáveis, com os melhores hábitos laborais e mais propensas a oferecer ajuda. Segundo o pesquisador, elas desenvolvem um senso mais acurado

Marcelo Silva

de si mesmas (lembra dos pés no chão?), sabem onde estão e têm maior capacidade de enxergar as necessidades dos outros.[58]

Ao contrário do que muitos pensam, os humildes não são necessariamente os tímidos, os retraídos ou aqueles atormentados por um complexo de inferioridade. São aqueles que reconhecem a realidade, têm consciência de suas limitações e percebem a dimensão de suas potencialidades. Respaldados pela compreensão de si próprios, sentem-se à vontade para fornecer ajuda sincera e qualificada. O indivíduo arrogante, ao contrário, perde-se frequentemente em delírios de grandeza. É aquele com o qual não podemos contar em crises e situações de perigo.

Vale um exemplo histórico. Em 53 a.C., um desses indivíduos cheios de soberba, o líder romano Marco Licínio Crasso, comandava sete legiões, com 50 mil soldados. Obcecado por colher os louros de uma vitória contra os Partos, desprezou as táticas militares e decidiu empreender um ataque rápido contra o inimigo. Para isso, resolveu cortar caminho por um vale estreito. Ali, seu exército foi observado, cercado e praticamente dizimado. Dessa aventura imprudente surgiu o termo "erro crasso".[59]

Há uma explicação científica para a virtude da humildade, segundo os psicólogos evolutivos. Desde os tempos em que vivíamos na mãe África, tivemos inúmeras dificuldades para perpetuar a espécie. Passamos fome, fomos atacados por feras e ficamos doentes

---

[58] Jordan Paul LaBouff, Wade C. Rowatt, Megan K. Johnson, Jo-Ann Tsang & Grace McCullough Willerton (2011): Humble persons are more helpful than less humble persons: Evidence from three studies, The Journal of Positive Psychology, DOI:10.108 0/17439760.2011.626787 https://www.tandfonline.com/doi/abs/10.1080/17439760 .2011.626787, acesso em 10/01/2022.

[59] Delphi Complete Works of Plutarch, Plutarco, Delphi Classics, Nov 17, 2013. https:// books.google.com.br/books?id=dmYbAgAAQBAJ&pg=PT969&lpg=PT969&dq= crassus+mistake&source=bl&ots=CMKUGn9n9h&sig=ACfU3U3KmiKWi457TA O892XJb56OYsVXmg&hl=en&sa=X&ved=2ahUKEwii08_VoITlAhWNJrkGHV WTB5w4ChDoATADegQIBhAB#v=onepage&q=crassus%20mistake&f=false, acesso em 10/01/2022.

EMPRESAS FAMILIARES

por simplesmente beber de uma fonte impura. Sobrevivemos por causa dos humildes, dos que sabiam onde pisavam, cultivavam a prudência e podiam nos ajudar nessas situações. A autoridade dos antigos anciãos e conselheiros tribais provinha justamente da junção de humildade com sabedoria. A arrogância está associada ao individualismo e ao egoísmo. A humildade, ao contrário, tem relação direta com a cooperação.

Em 2014, pesquisadores da BI Norwegian Business School estudaram 1,5 mil líderes e seus subordinados. A principal conclusão a que chegaram foi a seguinte: líderes humildes obtêm maior compromisso dos liderados. Por quê? Segundo a professora Karoline Kopperud, a humildade está ligada à autorreflexão, ou seja, o líder desenvolve uma melhor compreensão de si mesmo e de como seus atos são percebidos pelos colaboradores.[60]

A arrogância frequentemente elimina a empatia, aquela capacidade que temos de nos projetar nos outros e compartilhar seus sentimentos. A humildade, ao contrário, favorece nossa capacidade de trocar mentalmente de lugar com o interlocutor. Segundo os pesquisadores, personagens fundamentais na vida de uma empresa podem não ter um contracheque de alto valor ou um cargo de título pomposo. Você deve conhecer um desses casos. É aquela moça, estagiária até o ano passado, mas que resolve todos os pepinos no departamento de *marketing* ou aquele veterano que sempre estabelece os melhores contratos com as transportadoras terceirizadas.

O líder humilde, de acordo com os estudiosos noruegueses, pode ser um gestor altamente qualificado, mas não utiliza suas competências para se sobrepor aos demais. Ele assume que não sabe tudo e nunca saberá. E mais: admite que tem sempre algo a aprender. Seus projetos tendem a alcançar o sucesso porque procura ouvir todos os

---

[60] Humble leaders get more commitement, Bi Norwegian Business School, Sut I Wong (26/08/2014), https://www.bi.edu/research/business-review/articles/2014/08/humble-leaders-get-more-commitment/, acesso em 10/01/2022.

membros da equipe e sabe que cada um deles pode contribuir para o cumprimento da missão.

Em 2014, quando atuava como SVP of People Operations do Google, o consultor e especialista em recursos humanos Lazlo Bock procurava por novos colaboradores que tivessem justamente a humildade como virtude. Ele buscava, sobretudo, a prática da humildade intelectual. "Sem ela, somos incapazes de aprender", argumentava.

Para dissertar sobre a questão, ele se baseava em um estudo da Catalyst, uma organização de alcance global focada em estudar ambientes de trabalho. Depois de consultar 1,5 mil trabalhadores da Austrália, da China, da Alemanha, da Índia, do México e dos Estados Unidos, os pesquisadores chegaram à conclusão de que lideranças altruístas (que se preocupam com os outros) inspiram os liderados a serem mais inovadores. Geridas por elas, as pessoas se sentem estimuladas a apresentar críticas construtivas, além de ideias para aperfeiçoar produtos e processos.[61]

Mas o que a pesquisa considerou como indicativos do comportamento altruísta?

1) Atos de humildade, como admitir erros e aprender a partir da crítica;
2) Estímulos ao aprendizado e desenvolvimento dos liderados;
3) Coragem para assumir riscos na busca de um bem maior;
4) Concessão aos colaboradores do crédito compartilhado pelos resultados alcançados.

O trabalho mostrou ainda que os funcionários se sentem incluídos quando são reconhecidos por suas singularidades, ou seja, por seus talentos distintos e suas habilidades. Essa sensação se completa com a sensação de pertencimento, isto é, quando percebem que

---

[61] The Best Leaders are Humble Leaders, Harvard Business Review, Jeanine Prime e Elizabeth Salib (12/04/2014), https://hbr.org/2014/05/the-best-leaders-are-humble-leaders, acesso em 10/01/2022.

EMPRESAS FAMILIARES

compartilham com os colegas de equipe os mesmos objetivos e as mesmas responsabilidades.

Em 2023, a Rockwell Automation, de Milwaukee, Wisconsin, provedora de equipamentos de automação industrial, completou 120 anos, com 29 mil funcionários, clientes em mais de 100 países e vendas globais de US$ 9,058 bilhões (12 meses até o fim do terceiro trimestre). Um dos segredos do sucesso era uma cultura laboral inclusiva, em que a humildade tem papel fundamental.[62][63] Sua cartilha interna sugere quatro matrizes de conduta:

1) **Compartilhe seus erros em momentos educativos.** Ao admitir suas imperfeições, os líderes lembram aos membros do grupo a falibilidade humana, compartilham objetivos e mostram que o avanço de cada um está associado ao crescimento coletivo.

2) **Promova o engajamento pelo diálogo, não pelo debate.** O diálogo admite diferentes pontos de vista, enquanto o debate pressupõe argumentação para derrotar um hipotético adversário. Dialogar é buscar reconhecer o ângulo de análise do interlocutor. Debater é procurar a validação das próprias concepções. Ao dialogar, o líder aprende ao considerar as perspectivas singulares de seus comandados.

3) **Abrace a incerteza.** Quando os líderes admitem que não têm todas as respostas, abrem espaço para que os outros avancem na busca de soluções, gerando um sentimento de interdependência. Os comandados percebem que confiar nos colegas pode facilitar o caminho no enfrentamento de desafios.

---

[62] Rockwell Automation. https://www.rockwellautomation.com/en-us/company/about-us.html. Acesso em 20/12/2023.

[63] Rockwell Automation Revenue 2010-2023 | ROK https://www.macrotrends.net/stocks/charts/ROK/rockwell-automation/revenue. Acesso em 20/12/2023.

Marcelo Silva

4) **Adote o papel de comandado.** Líderes inclusivos inspiram os outros a também liderarem. Ao efetuar eventuais trocas de papel, estimulam o desenvolvimento coletivo e podem avaliar as situações de outra perspectiva.

Essas ideias podem parecer estranhas para quem avalia a história a partir da superfície e dos estereótipos. A impressão de muitos brasileiros é de que os norte-americanos são egoístas e individualistas, também por uma interpretação grosseira do protestantismo e da matriz liberal do pensamento econômico. Na verdade, a narrativa é bem outra. Os primeiros colonos do território, na Nova Inglaterra, viviam em pequenas comunidades, com obrigações e responsabilidades divididas. E não se negaram a estabelecer uma relação cooperativa com os índios Patuxet para vencer os desafios da agricultura no Novo Mundo. Muitos anos depois, as caravanas para o Oeste também se caracterizaram por padrões de forte atividade gregária e reciprocidade.

É evidente que temos histórias parecidas no Brasil. É o caso de muitas comunidades nordestinas, nas quais a assistência recíproca permitiu a sobrevivência em períodos de estiagem. No entanto, fomos concebidos como pátria em uma relação vertical de autoridade. O patriarcado vigorou por séculos. O dono da terra era uma espécie de rei, assistido por uma corte de índios cativos e escravos negros. Frequentemente, dispunha de quantas mulheres desejasse, todas submetidas à sua vontade. Nosso imenso território foi concedido aos capitães-donatários, que o lotearam conforme suas conveniências e preferências. Os sesmeiros repetiram o padrão em suas próprias glebas, geridas como feudos.

Em 1808, os monarcas lusitanos chegaram ao país, fugindo de Napoleão, e deram o mau exemplo do privilégio aos cortesãos. O Brasil nem mesmo viveu uma guerra por independência, como ocorreu nos Estados Unidos. Aqui, a separação de Portugal se deu por vontade de parte da família real. Enquanto os norte-americanos firmaram a libertação dos escravos em um conflito armado que deixou 785 mil mortos (a população era de 31 milhões na época), o

EMPRESAS FAMILIARES

Brasil o fez por uma concessão da Princesa Isabel. Aliás, nosso país foi o último da América a abolir a escravidão. Passaram-se mais de 100 anos até que os governos editassem medidas efetivas de inclusão dos descendentes das populações cativas.

Essa história nos traz à memória versos de *O Navio Negreiro, Tragédia no Mar (V)* do poeta baiano Castro Alves...

> Senhor Deus dos desgraçados!
> Dizei-me vós, Senhor Deus,
> Se eu deliro... ou se é verdade
> Tanto horror perante os céus?!...
> Ó mar, por que não apagas
> Co'a esponja de tuas vagas
> Do teu manto este borrão?
> Astros! noites! tempestades!
> Rolai das imensidades!
> Varrei os mares, tufão! ...
> (...)
> Fatalidade atroz que a mente esmaga!
> Extingue nesta hora o brigue imundo
> O trilho que Colombo abriu nas vagas,
> Como um íris no pélago profundo!
> Mas é infâmia demais! ... Da etérea plaga
> Levantai-vos, heróis do Novo Mundo!
> Andrada! arranca esse pendão dos ares!
> Colombo! fecha a porta dos teus mares!

Em um país de tradição cartorial e clientelista, o mérito muitas vezes foi desconsiderado, tanto na vida pública quanto na vida privada. Essa cultura fez florescer carreirismos, fisiologismo político e puxa-saquismo. As lideranças viveram séculos distribuindo títulos e cargos, especialmente no serviço público, gerando um Estado gigante, atrofiado e provedor de privilégios. Até hoje

Marcelo Silva

lidando cobiçosamente com o que deveria ser do interesse privado, ele descuida de sua função prioritária: garantir saúde, educação, segurança e infraestrutura para o desenvolvimento econômico. Nesse contexto de jeitinhos, traquinagens e soluções de ocasião, construímos uma monstruosa estrutura de ilegalidades consentidas.

Em 1914, o jurista Ruy Barbosa fez no Senado Federal um discurso que se mantém atual mais de 100 anos depois. A frase que ficou gravada na memória da Nação é esta:

De tanto ver triunfar as nulidades, de tanto ver prosperar a desonra, de tanto ver crescer a injustiça, de tanto ver agigantarem-se os poderes nas mãos dos maus, o homem chega a desanimar da virtude, a rir-se da honra, a ter vergonha de ser honesto.

Esse modelo de conduta também afeta parte considerável de nossas empresas. Se há corrompido, há corruptor. Nas investigações juridicamente válidas da Operação Lava Jato, sempre se revelava uma poderosa companhia que oferecia propina em troca de vantagens ilícitas em serviços contratados pelo Estado. E muitos desses negociadores de suborno eram funcionários graduados nas empresas, bem formados, considerados "gente de bem", cidadãos que se diziam "profissionais" acima de tudo.

Muitos desses elementos também se dedicam de corpo e alma a evitar que as empresas paguem os impostos devidos. Cabe lembrar a frase lapidar do economista, parlamentar, diplomata e ministro Roberto Campos (1917-2001) em uma edição do programa Roda Viva, da TV Cultura:

"Empresa não paga imposto, recolhe-o. Quem paga são os indivíduos, a sociedade."

Por isso, no Brasil, há tanto empenho em se recusar a contabilização formal dos negócios efetuados. O que prevalece é uma inversão

EMPRESAS FAMILIARES

de valores, que foi naturalizada e transformada em tradição. Se em muitos países desenvolvidos uma minoria não preza a integridade, aqui nos parece ser a maioria. Tomemos o exemplo corriqueiro de parte dos profissionais liberais, como médicos, advogados, dentistas e psicólogos. Seus assistentes já perguntam de antemão: com ou sem recibo? Ao acompanhar um parente ao médico me fizeram justamente essa pergunta. Retruquei: mas qual é a diferença? E ouvi: 20%. Isso é íntegro? Certamente, não é! O princípio do *avoid tax* não é legal, não é ético, tampouco moral.

Vale ainda a Lei de Gérson, da propaganda do cigarro Vila Rica veiculada nos anos 1970: "gosto de levar vantagem em tudo, certo?". Errado! Essa afirmação guarda uma impossibilidade matemática: quando um leva vantagem, alguém recebe menos do que merecia.

Essas tendências culturais, presentes em todas as classes sociais, são percebidas claramente pelos estrangeiros. É o que evidencia o personagem Zé Carioca, desenvolvido, no início da década de 1940, pelos estúdios Disney. Ele não é um vilão fora da lei. Pelo contrário, é simpático, divertido, até mesmo generoso, mas sempre escapa dos problemas por meio de um jeitinho, de uma artimanha.

Mas ele não está sozinho nessa figuração. Uma das obras-primas da literatura mundial é *Memórias Póstumas de Brás Cubas*, do excepcional Machado de Assis. No livro, o protagonista frequentemente recorre a expedientes pouco éticos para atingir seus objetivos, como corromper a vulnerável Dona Plácida para figurar como proprietária da casa onde ocorrem seus encontros com a amante Virgília. Em sua despedida deste mundo, Brás Cubas (que nem de longe era um vilão malvado) elenca seus fracassos e confessa: "verdade é que, ao lado dessas faltas, coube-me a fortuna de não comprar o pão com o suor do meu rosto".

8

ESTRATÉGIA

Escrevendo o roteiro do espetáculo
—

Sei que a expressão "planejamento estratégico" provoca arrepios em muitos gestores brasileiros, até mesmo naqueles de empresas de grande porte, nas quais o processo de planejamento é fundamental. Alguns tendem a associar esse trabalho à tecnocracia, a algo importado, conforme os anglicismos *strategic planning*, *five years plan*, *business plan*, oriundos sobretudo da cultura corporativa norte-americana.

Prefiro imaginar que se trata do ofício de compor o bom roteiro para o espetáculo. A melhor analogia é com o teatro e seu parente próximo, o circo. É preciso organizar o equipamento, ensaiar os artistas, cuidar do palco ou do picadeiro, treinar a equipe de apoio, promover o evento, precificar os ingressos e acolher o público. Este é o grande e necessário roteiro de um empreendimento dramático ou circense. Ele oferece a base tangível para o roteiro cênico, aquele que define o desenvolvimento da trama ou a sequência das atrações. Os mais humildes saltimbancos do passado somente alcançavam sucesso quando planejavam a visita ao povoado. Previamente, alguém verificava onde instalar a *troupe*, como obter acesso aos recursos locais e como impressionar e atrair a população local. Uma pesquisa prévia sobre tradições e comportamentos culturais determinava até quais galhofas seriam apropriadas e quais poderiam colocar em risco a vida dos artistas.

O mesmo esforço de roteirização de processos é fundamental para quem pretende expandir e fortalecer uma empresa. Um bom exemplo é a montagem de uma filial. Antes de tudo, é preciso conhecer o lugar da nova unidade, identificar demandas, estabelecer parcerias estratégicas e conhecer os humores dos futuros clientes.

A vida nos ensina, portanto, que os movimentos para a criação de um plano estratégico são de enorme utilidade para as empresas. Muitas vezes, esse ganho ocorre mesmo sem a criação de uma fórmula mágica de sucesso para os anos seguintes e mesmo sem a definição de um modelo de renovação, modernização ou transformação para a companhia.

Na construção de planos de ação, na formulação de abordagens e na fixação de metas, estimula-se um olhar mais atento à empresa, ao que ela faz, como faz e para que faz. Se bem vivido, esse exercício tem a capacidade de mexer com toda a organização, dinamizá-la, torná-la mais produtiva e lucrativa.

A formulação desse planejamento tende a ativar, primordialmente, o interesse dos acionistas, que consideram a possibilidade de ampliar o retorno do seu investimento. Em seguida, engaja os conselheiros e a diretoria executiva, que efetivamente coordenarão as mudanças e ajustes propostos, e depois toda a equipe, até a base da pirâmide.

Portanto, o primeiro desafio dessa experiência é a busca de um alinhamento entre setores e departamentos por meio das pessoas que compõem a empresa. Se obtido esse consenso, já se constitui um formidável benefício compartilhado, pois significa que os envolvidos no processo descobrem que vão remar e para onde remar.

Essa é uma questão de máxima importância para quem participa de qualquer projeto. Um remador que simplesmente executa o seu trabalho no escuro da parte baixa da embarcação não tem motivação especial. Assim, automatiza o movimento, aliena-se e dificilmente fará algum esforço adicional.

EMPRESAS FAMILIARES

É diferente da situação daquele que rema de Roma para Cartago, a fim de defender ou vingar seu império, ou daquele que vai ao encontro do tesouro que renderá riqueza e conforto à sua comunidade viking.

Por isso, em empreitadas dessa natureza, é fundamental que se configure uma iniciativa de comunicação que apresente propósitos, metas e resultados esperados. O ideal é que a essência desse pensamento seja difundida por toda a corporação, do topo à base, de forma clara e objetiva. Esse conteúdo deve expor também de que maneira cada um, de forma especial, vai ganhar com o desenvolvimento da companhia.

Logicamente, em todo plano estratégico, há detalhes relevantes somente para os altos executivos ou para um departamento específico. Um projeto pontual, por exemplo, na área de controle financeiro, não precisa ser esmiuçado para os colaboradores do ponto de venda. Além disso, algumas informações são confidenciais e precisam, obviamente, do necessário sigilo para que o projeto alcance o sucesso esperado.

Um plano dessa natureza traz outro benefício importante para a companhia: reconhecer seus pontos fortes e seus pontos fracos, assim como as ameaças e oportunidades no cenário externo. Trata-se de realizar o popular SWOT, que pode ser representado criativamente pela frase: "so what?!" (então, o quê?).

Na primeira parte da análise, a empresa identifica seus diferenciais competitivos, suas referências de qualidade, assim como suas fragilidades e fatores de ineficiência. Na segunda, olha pela janela, procura determinar os trunfos dos concorrentes, os eventuais problemas enfrentados pelo mercado e as oscilações da economia. Ao mesmo tempo, verifica para onde pode crescer, de que maneira pode diversificar seus produtos e serviços e de que forma pode alavancar o negócio com o uso de novas tecnologias e processos.

Muitas empresas e até governos nacionais trabalham na formulação do *five years plan*. Há quem pergunte: "mas por que cinco anos?" Ora, num lustro, período de cinco anos, algo de importante sempre ocorre na vida de uma pessoa, de uma empresa ou de uma nação.

Porém, se na vida contemporânea os fatos se sucedem com incrível rapidez, talvez seja recomendável estipular planos trienais. Além disso, em honra da prudência e da organização, o futuro mais distante merece ser contemplado. Pensar nos dez anos futuros de uma companhia é um exercício fascinante e que certamente vai ajudá-la a superar seus desafios.

Mas isso tudo a empresa faz sozinha? Acredito que uma prospecção de terreno em 360 graus muitas vezes exija a contratação de uma consultoria externa. Eles estão fora da caixa de pensamento da empresa, mas já estiveram dentro das caixas de outras empresas. E também trilharam os caminhos cruzados entre elas. Portanto, sabem de coisas ainda não percebidas pelos executivos. Podem efetuar comparações e apontar para detalhes do cenário nos quais eles ainda não haviam reparado.

Geralmente, quanto maior uma empresa, maior a complexidade de sua operação. Por essa razão, mais ela necessitará do suporte de uma consultoria externa, especialmente em tempos caracterizados por inovações tecnológicas frequentes, mudanças em comportamentos de consumo e transformações nos próprios processos de produção e comercialização.

Mas qual consultoria, afinal, é preciso contratar? Essa é uma decisão crucial para o sucesso da empreitada. Depois de décadas e décadas de experiência em processos nessa área, recomendo que se olhe secundariamente para o preço dos serviços. O barato pode sair caro se a empresa escolhida não for capaz de oferecer o suporte adequado para que a empresa olhe no espelho, compreenda-se, analise o mundo exterior e planeje sua ação estratégica de desenvolvimento.

Há magníficas empresas *taylor made*, compactas, focadas em tipos específicos de negócios, que podem gerar e entregar conhecimento sob medida para uma adequação ou mesmo uma reinvenção da companhia. Assim como há boas empresas de médio porte, normalmente dirigidas por profissionais de destaque que se desgarraram das gigantes do ramo. São ótimas para auxiliar organizações que

EMPRESAS FAMILIARES

pretendem subir degraus e ocupar posições entre líderes de mercado. E, por fim, há consultorias internacionais muito bem preparadas para avaliar viabilidades macroeconômicas, conexões entre diferentes mercados e tendências de médio e longo prazo em cenários complexos.

Não importa o tamanho. Convém escolher a que mais possa contribuir para aperfeiçoar o negócio. Melhor aquela de reputação intacta, que guarda confidencialidade sobre o que faz e que evita a alta rotatividade em seu quadro de profissionais. Aliás, muitíssimo importante na escolha é justamente focar nas pessoas. Quem são esses consultores? Onde estudaram? No que se especializaram? Quais clientes já atenderam? Quais benefícios propiciaram para essas empresas como consultores? Realizada a pesquisa, que se contrate a melhor.

Quando eu era jovem, apenas para relaxar, de maneira bem moderada, tomava o uísque nacional Teacher's. Depois, com o tempo, passei a consumir um importado escocês de 8 anos. Como sou pernambucano, costumava tomar nos fins de semana um Red Label. Afinal, Recife é a cidade que mais consome essa variedade de uísque no mundo.

Na sequência, migrei para um de 12 anos. Hoje, quando posso, opto por um *blue label* de 18 anos; de vez em quando, naturalmente. A chance de se ter uma ressaca é menor, além de evitar os custos com remédios para dor de cabeça. O mesmo raciocínio vale para a escolha de uma consultoria.

Pessoalmente, tenho restrição somente a empresas que, de alguma forma, realizem ou pretendam realizar trabalhos com concorrentes próximos. Se a informação estratégica é fundamental nos cenários competitivos, não convém que seja compartilhada com concorrentes eventuais, especialmente entre companhias do mesmo ramo atuando no mesmo território.

Entre os críticos, há quem diga, em humor ácido, que as consultorias pedem o seu relógio para lhe dizer as horas. A rigor, a comparação é correta em muitas interações de trabalho. No entanto, convém lembrar que muitas empresas têm relógio e, por vício ou descuido, não olham as horas. Outras, até olham, mas são incapazes

Marcelo Silva

de medir inteligentemente o tempo, ou seja, não logram utilizar a informação de maneira estratégica.

Uma consultoria exige que os gestores botem os olhos em relógios, mas também em lunetas, termômetros, planilhas, balanços patrimoniais, demonstrações de resultados, fluxos de caixa, indicadores de mercado, processos e pessoas. E faz com que pensem no que veem e estabeleçam conexões entre fatos, números, condutas e resultados. Quem paga por um consultor é obrigado, pela lógica e pelo bom senso, a atender suas convocatórias e apreciar suas sugestões.

Por esse motivo, volto à questão da necessária qualidade desses profissionais. Eles precisam estar preparados para despertar a atenção e a consciência de seus clientes corporativos. Devem estar munidos dos instrumentos técnicos de análise apropriados para que se faça essa reflexão. E é fundamental que dirijam essas provocações para que os gestores preservem o acerto, eliminem o erro e encontrem pistas para trafegar no território da novidade.

No caso de um plano estratégico, bons consultores ajudam a empresa a desenhar seu próprio retrato no momento presente. E, na sequência, oferecem *know-how* para que ela projete sua imagem futura, em que se exibirá mais ágil, sustentável, produtiva e rentável, ganhando prestígio entre colaboradores e clientes.

Cabe lembrar que essas ações de aprimoramento são de responsabilidade da empresa e de seus líderes. Consultores não são interventores. Consultores tampouco são escudos. Há gestores que, infelizmente, se escondem atrás desses contratados para tomar decisões complexas ou impopulares. Se uma aposta fracassa, põem na conta da consultoria. Se demitem ou eliminam um setor inteiro, alegam que foram obrigados pelo pessoal externo. Dessa forma, procuram afastar-se da figura de carrasco. Efetivamente, é um artifício comum de defesa, mas que revela um desvio moral de quem o utiliza.

Nessa relação, portanto, é sempre preciso definir quem é quem. As melhores empresas são sempre protagonistas nos processos de

EMPRESAS FAMILIARES

aperfeiçoamento e renovação. Na elaboração de planos estratégicos, tive a oportunidade de trabalhar com João Carlos Paes Mendonça, do Bompreço, e com Luiza Helena Trajano, do Magazine Luiza. O que mais me marcou nessas experiências foi testemunhar suas convicções. Em muitas ocasiões, rejeitaram medidas que pudessem ferir valores corporativos. Para ambos, nenhuma mudança destinada, por exemplo, a cortar custos, poderia desmotivar os colaboradores ou abalar a confiança dos clientes.

E, nesses casos todos, o tempo provou que tinham total razão. Por vezes, a sugestão do agente externo pode ser correta, mas visando a um benefício ou vantagem de curto prazo. Cabe ao gestor avaliar e, se for o caso, vetar essa alteração de procedimento caso rompa com a filosofia da empresa e afete, mesmo que no longo prazo, sua reputação, interna ou externamente. Consultores não acertam em tudo, não são oniscientes, não têm bola de cristal. Eles constroem aos poucos suas certezas, muitas vezes justamente no contraste de opiniões com os gestores da empresa.

Nessa relação, é preciso que exista disposição e boa vontade. A ordem é buscar um equilíbrio entre a inovação técnica e operacional, de um lado, e a manutenção de valores, de outro.

No caso específico das empresas familiares, o trabalho da consultoria é especialmente importante na formulação de um plano estratégico. Nas corporações em transição da primeira para a segunda geração familiar, em particular, verifica-se normalmente forte resistência à mudança. O fundador costuma afirmar: "eu fiz sempre assim e sempre deu certo". Dessa forma, recusa-se a olhar para as transformações no cenário, fragilizando-se diante de ameaças e perdendo oportunidades de desenvolvimento.

Nesses contextos, recomenda-se que o consultor realize uma leitura atenta da história da companhia e de seu crescimento, respeitando seus valores. Aos gestores, familiares ou profissionais, cabe zelar por esses ativos intangíveis e, ao mesmo tempo, abrir-se para a análise dos *insights*, estudos e sugestões do pessoal externo.

Marcelo Silva

Da parte das novas gerações, é conveniente que manifestem o devido respeito pela história construída da empresa. A sala da diretoria não é lugar da vingança contra o passado nem de apostas inconsequentes. O triunfo de uma geração é herdar uma empresa, manter seus bons valores e entregá-la, maior e melhor, para seus sucessores.

Se vale uma comparação, os números e os ativos de uma companhia são seu corpo. Seus valores são sua alma. Não existe corpo sem alma e, pelo menos neste plano terrestre, a alma se manifesta por meio do corpo. Ao elaborar um plano estratégico, a empresa se habilita a curar, fortalecer e rejuvenescer seu corpo, mas cuida também de manter sua alma, preservando-lhe a sapiência, a generosidade e os valores.

Por precaução, é inevitável a repetição do óbvio: planos precisam ser colocados em prática, até o fim. De nada adianta um belo *blue book* na estante, como peça decorativa. Assim como é triste ver magníficos projetos, baseados em excelentes estudos, que são abandonados pela metade, como fazem muitos dos nossos governantes, entre uma gestão e outra.

Definido o roteiro de ações é dever cumpri-lo, mesmo que com as devidas correções pontuais durante o processo. É fundamental que se respeite o cronograma e que sejam destacados responsáveis para cada fase da implantação. No planejamento estratégico, a "aterrissagem", ou seja, o acompanhamento dos testes-piloto, deve ser coordenada pelo número um da empresa.

O CEO é o maestro dessa orquestra, e precisa zelar para que se "toque o bumbo" de quando em quando, no tempo certo, definindo o ritmo da virtuosa mudança. O mesmo vale para os outros instrumentos: batem-se os pratos, dedilha-se o violoncelo, sopra-se a flauta. Partitura é para se seguir. Até o fim. Consistentemente.

9

CONTROLES INTERNOS

Por onde respira uma empresa

—

É muito comum escutarmos a frase: "o peixe morre pela boca e a empresa morre pelo caixa". Todos os gestores já ouviram esta frase e, de certa forma, todos concordam com ela. No entanto, muitos deles nem sempre estão atentos às medidas e ações necessárias para manter o equilíbrio nas contas e a saúde financeira das organizações.

Atualmente, no plano público, por exemplo, vemos que muitos Estados brasileiros estão moribundos, tremendamente debilitados, prejudicando o círculo das trocas comerciais e as pessoas que dependem do trabalho para sobreviver. Isso ocorre porque aquilo que entra em caixa não é suficiente para honrar as obrigações, ou seja, os valores devidos em salários, obras e amortização das dívidas.

O que nos falta? Compreender que as empresas e os órgãos do governo respiram pelo caixa, sua fonte de recursos vitais. Se o caixa se esvazia, a instituição logo se agita em tormento, se sufoca e, quase sempre, morre.

Mas, quais são os meios de se controlar esse permanente ir e vir de valores? Quais são os sistemas destinados a efetuar diagnósticos e a garantir a saúde financeira das empresas?

Inicialmente, gostaria de citar a importância da DRE, a Demonstração de Resultados do Exercício. Trata-se de um registro contábil destinado a exibir o resultado líquido do período, com base em uma comparação entre as receitas e as despesas. Dessa forma, oferece-se um resumo dos resultados das atividades operacionais e não operacionais da companhia.

A DRE foi instituída pelo Artigo 187 da Lei 6.404/1976 (Lei das Sociedades por Ações). No Artigo 1.179 do Código Civil, equivale ao "resultado econômico", de registro obrigatório. Em resumo, a legislação estabelece que as empresas devem apresentar a receita bruta de vendas (bem como deduções), a receita líquida, as despesas com as vendas, as despesas administrativas, o lucro ou prejuízo operacional, o resultado do exercício, as participações de equivalências em outras empresas, o lucro ou prejuízo líquido do período e sua parcela por ação do capital social.

É a modalidade de demonstração mais consultada pelo sistema financeiro, pelos acionistas, pelos investidores e pelos analistas.

Outro recurso importante de avaliação é a Demonstração de Fluxo de Caixa (DFC), que começou a ser desenvolvida em 1961, pelo Accounting Procedures Board (APB), dos Estados Unidos. A normatização desses procedimentos ocorreu somente em 1987, pelo Financial Accounting Standards Board (FASB). Aqui, o assunto começou a merecer atenção em 1999, por meio de uma publicação do Instituto Brasileiro de Contadores (IBRACON).

A rigor, trata-se de um relatório contábil que tem por objetivo mostrar as entradas e saídas de dinheiro do caixa de uma corporação. A DFC permite uma visão da origem dos recursos obtidos e de que modo foram aplicados. A Lei 11.638/2007 exige esse tipo de demonstração para sociedades de capital aberto ou dotadas de patrimônio líquido superior a R$ 2 milhões. No caso de Pequenas e Médias Empresas (PMEs), os procedimentos estão detalhados nas Normas Brasileiras de Contabilidade (NBC TG 1000).

Ao verificar esses registros de *cashflow*, analistas e auditores podem avaliar a saúde financeira da companhia e também detectar eventuais fraudes ou incorreções nos registros contábeis.

EMPRESAS FAMILIARES

Vamos admitir que uma empresa esteja colecionando resultados negativos. Esses importantes registros comparativos da dinâmica financeira podem apontar o desequilíbrio e suas causas. Muitas vezes, no entanto, a DRE e a DFC não convencem os gestores e seus parceiros de que há perigo na curva.

Como nada neste mundo é perene, um dia a empresa procura os investidores e não os encontra. Batem à porta das instituições bancárias e ouvem um não como resposta. Pronto, está instaurada a crise. Mesmo assim, enquanto ela tiver crédito na praça e contar com o aporte de recursos dos investidores, vai tocando suas operações.

Em pouco tempo, porém, a empresa começa a adiar pagamentos. Geralmente, deixa de recolher impostos e taxas. Não é a sonegação com intenção de dolo ou de levar vantagem. É o condenável artifício encontrado para equilibrar as contas. Em seguida, evita depositar valores relativos a obrigações previdenciárias. Depois, dá o calote em fornecedores e prestadores de serviço. De repente, não há mais dinheiro para a folha de pagamento dos funcionários.

É uma espiral descendente. Sem produtos ou matérias-primas dos fornecedores, a empresa reduz ou cessa suas operações. Quando chega ao ponto de perder colaboradores fundamentais, imobiliza-se e não tem como dar a volta por cima.

Nesse momento, o caixa secou. Antigamente, falava-se em concordata. Hoje, utiliza-se o termo recuperação judicial, o famoso RJ. É quando a empresa chama seus credores, anuncia seus problemas e propõe um parcelamento de longo prazo para honrar essas dívidas. Algumas são efetivamente capazes de se recuperar; outras, não.

No caso das empresas familiares, entre as 90% que não chegam à terceira geração, muitas são vendidas, outras tantas acabam incorporadas por concorrentes e inúmeras simplesmente baixam as portas. Entre as que desaparecem, a causa mais comum é o caixa empobrecido. O peixe não tem mais oxigênio. Então, vai morrer pela boca. Não entra mais nada na boca daquele peixe. Não se abastece mais o caixa.

Marcelo Silva

Por isso, frequentemente, sugerimos que todos os executivos de uma empresa tenham algum tipo de formação contábil e financeira. Não importa a área, se é da área de logística, *marketing* ou planejamento. É preciso que todos compreendam que, sem dinheiro em caixa, nada é possível, e qualquer projeto está fadado ao fracasso. Costumo dizer que a contabilidade é a oitava maravilha do mundo. É uma metáfora, um exagero provocativo, para que meus pares tenham sempre um olho nos registros de entradas e saídas. Sou formado em Ciências Contábeis e Economia e servi como auditor durante sete anos. Antes de me tornar CEO, trabalhei como diretor financeiro e fui responsável pela área de controladoria de uma grande companhia. Portanto, meu *background* me autoriza a afirmar: cuide do caixa para não morrer.

Essa advertência vale, sobretudo, para empresas de natureza familiar. Nelas, os costumes e as percepções informais tendem a produzir diagnósticos equivocados e a conduzir os gestores a situações de dificuldade. Baseados em situações passadas, os integrantes antigos tendem a desconsiderar as avaliações contábeis, especialmente quando se acende o sinal amarelo. Surgem sempre frases do tipo "ah, mas isso já aconteceu em outros anos de inverno brando", "a gente recupera isso no Carnaval" ou "o Doutor Fulano, que fundou a empresa, dizia para a gente não se preocupar, porque, no fim, tudo ia dar certo".

Quando me tornei CEO, compreendi que deveria acompanhar mais atentamente ainda os números da empresa. Hoje, é possível avaliar essa movimentação *online* e, melhor, em tempo real. Em uma empresa de varejo, por exemplo, o computador facilita verificar a evolução de vendas. Em intervalos bastante curtos, temos uma noção do que ocorre nas lojas. Sabemos se há ou não sucesso em uma promoção. Conhecemos logo os resultados de um anúncio feito pela televisão. De cara, percebemos quais novos produtos seduzem os consumidores e garantem vendas expressivas. Desta forma, podemos aprimorar o que vai bem e, com rapidez, efetuar mudanças naquilo que não apresenta resultados satisfatórios.

EMPRESAS FAMILIARES

Portanto, não basta apenas conferir a informação. É preciso agir. Semanalmente, por exemplo, convém avaliar a performance das lojas, checar o comportamento das regionais e estabelecer padrões comparativos. Por que foram vendidos tantos aparelhos de TV em Ribeirão Preto e tão poucos em Goiânia? O que deu certo na primeira cidade? O que deu errado na segunda? Há alguma relação com a divulgação? Será que foi a exposição do produto? Será que no segundo caso há um concorrente praticando preços ainda mais baixos?

Estamos vendendo mais? Excelente. Mas temos de saber o porquê, para que possamos replicar a fórmula em outros momentos e outras unidades da empresa. Estamos vendendo menos? Sinal amarelo aceso. Convém investigar. São causas internas, relativas à divulgação, exposição, preço ou entrega? Ou são causas externas, relativas a ações dos competidores ou fracassos nos setores econômicos relevantes na região? Choveu muito ou pouco? Será que a estiagem atingiu a agricultura e prejudicou a economia regional?

Tudo conta para diagnosticar problemas. Olhe para fora da janela. Depois, consulte os balancetes, as demonstrações de resultado, o fluxo de caixa em cada período e o volume das vendas. Essas ações são absolutamente fundamentais para se aferir, o tempo todo, a saúde financeira da empresa. Enfim, vá até a base da sua empresa para localizar, no detalhe, onde está o erro e onde está o acerto. Repito a bronca italiana: *"vada a bordo, cazzo!"*.

Quando fui CEO da Casas Pernambucanas, mantive meu olho de auditor atento a essas demonstrações. Por meio delas, pude determinar quais eram os entraves à obtenção de receitas e quais eram as oportunidades de reduzir despesas. Neste caso, foi necessário aliar o conhecimento técnico, baseado em registros confiáveis, à sensibilidade exigida para a condução dos negócios do varejo. Fizemos a empresa prosperar e recuperar terreno por meio de um conjunto diversificado de ações. Estabelecemos, por exemplo, um bom sistema de comércio eletrônico e reeducamos os colaboradores para elevar a qualidade do atendimento nos pontos de venda. E é lógico que monitorávamos o efeito dessas medidas por meio das demonstrações contábeis. Por meio delas, sabíamos onde atuar e o que aperfeiçoar para fazer a empresa crescer. Neste caso específico, fomos muito bem-sucedidos.

No Brasil, infelizmente, ainda não existe este saudável hábito na maior parte das corporações familiares de capital fechado. Dessa forma, somente nos momentos mais críticos, de crise econômica e vendas difíceis, é que as empresas voltam os olhos para os números e analisam detidamente os fatores que determinam a entrada e saída de valores do caixa.

Quando falamos sobre mentalidade, é preciso sublinhar que o primeiro escalão de gestão necessita constituir uma cultura de acompanhamento de resultados. Muitas vezes, acredita-se que é do diretor financeiro a total responsabilidade pelo eventual problema de caixa. Ledo engano. Em geral, ele nem compra nem vende. Ele não faz *marketing*, não dispõe os produtos no ponto de venda e não conversa com os consumidores. Portanto, se as coisas não correm da maneira esperada, presume-se que há incorreções em outros setores.

Por vezes, exigem-se do diretor financeiro soluções que ele simplesmente não pode oferecer. Se a empresa não honrou compromissos, é possível que tenha perdido a confiança dos fornecedores e as linhas de crédito dos bancos. Nesses casos, ele estará de mãos atadas. Uma ação de recuperação exigirá um esforço conjunto de todas as áreas da empresa.

Hoje, a ausência de uma cultura de gestão financeira é fator fundamental no malogro de *startups*. Muitas vezes, o produto é inovador, os empreendedores são *experts* no assunto, mas não se preparam para manter o fluxo de caixa constante. Investem valores excessivos, sem a devida contrapartida de receitas. Por vezes, não sabem determinar preços justos. Para conquistar clientes, praticam valores "camaradas" que não sustentam a operação.

Os prestadores de serviços, por exemplo, precisam levar em conta os custos da mão de obra. Imagine uma oficina que trabalhe com

EMPRESAS FAMILIARES

o reparo de computadores. Os valores cobrados precisam pagar os melhores profissionais. Sem eles, os serviços realizados perdem em qualidade. Sem qualidade, o boca a boca rebaixa a reputação da empresa. Sem reputação, há escassez de clientes. Quando eles somem, entra menos dinheiro. Quando o caixa seca, muitas vezes os sócios entram em conflito. Como diz o ditado: "na casa em que falta o pão, todos brigam e ninguém tem razão". Por fim, baixam-se tristemente as portas e segue-se longo período de frustração para os empreendedores, mesmo que sejam bambas na área em que se aventuraram.

Por vezes, essa necessária cultura financeira não existe nem mesmo na vida pessoal. Em muitos casos, o controle na empresa é realizado de forma apropriada, mas o mesmo não ocorre naquilo que diz respeito à pessoa física.

Este é um problema que encontramos frequentemente nas empresas familiares. Há produção, vendas e receitas. No entanto, os donos efetuam retiradas excessivas para saldar seus próprios compromissos. No caso específico dessas companhias, o controle financeiro é prejudicado por comportamentos que se pautam pela informalidade das relações pessoais. São os membros da família que, acostumados com o luxo, não hesitam em viajar de primeira classe. É o pai que, generoso em excesso, permite ao filho adquirir um automóvel caro com recursos da empresa.

Uma boa governança impede esse tipo de conduta, cujo destino é causar a chamada "confusão patrimonial". Nessas situações, o Poder Judiciário pode estender aos sócios a responsabilidade pela quitação de dívidas corporativas, determinando a penhora de seus bens particulares e de seus recursos financeiros em conta corrente.

Outro fator importante é a questão do planejamento futuro dos membros da família. No Brasil, não se pensa muito no tempo da melhor idade. Os anglo-saxônicos, sim, têm essa preocupação previdenciária. Desde o início da vida profissional, executam um planejamento para que não lhes faltem meios de subsistência no fim da jornada.

Marcelo Silva

Em empresas familiares, é provável que parte considerável dos lucros seja aplicada na manutenção dos decanos, ou seja, dos membros inativos da companhia. Planos de saúde de qualidade não são baratos. Gasta-se também com alimentação, moradia e cuidados especiais. Com a elevação da expectativa de vida, esses compromissos tendem a se estender por longos períodos.

No Brasil, a falta de uma cultura de controle financeiro tem levado muitas empresas familiares à estagnação e, muitas vezes, à falência. Por um lado, há despesas demais com os inativos que não fizeram um pé-de-meia, que não se preocuparam em acumular recursos em um fundo de previdência privada. Ao mesmo tempo, há gastos demais com os caprichos e exigências dos membros mais jovens da família. Alguns deles foram sempre acostumados ao "bem-bom" propiciado pelos pais e avós. Outros consideram, erradamente, que precisam manter uma imagem de fausto e opulência. Por isso, não renunciam a vestimentas caras, veículos de luxo e férias em hotéis de cinco estrelas. Empresas empenhadas em prover os excessos de seus controladores familiares não crescem, são ultrapassadas pela concorrência e, em muitos casos, baixam as portas. Vale a máxima: "avô rico, pai nobre, neto pobre".

Quando decidi me retirar da vida de executivo, meu *coach* formulou uma pergunta fundamental: "qual é o seu propósito?".

Naquela ocasião, decidi que meu propósito era difundir a experiência adquirida. Era devolver da melhor forma possível tudo que a sociedade havia me oferecido. Ela concedera remuneração para a minha subsistência e para a educação dos meus filhos. Minha opção foi entregar uma contrapartida, compartilhando os conhecimentos adquiridos durante toda a vida.

No entanto, para materializar esse sonho, eu precisava ter um caixa, ter como me sustentar, como sustentar esse projeto de vida. Então, o *coach* solicitou-me uma avaliação de minha realidade financeira.

Sem o salário de CEO, o que sucederia ao meu padrão de vida? Estaria preparado para mantê-lo? Meus filhos já estavam encaminhados? Já não precisavam de meu aporte financeiro?

Porque, sem o devido planejamento, a aposentadoria pode ser um período de grandes dificuldades, percalços e frustrações. Pode parecer que todo o esforço anterior foi em vão. Perdem-se prazeres, acessos e facilidades. E a tal velhice saudável e prazerosa terá sido nada mais que utopia.

Na verdade, enveredamos por esse caminho de reflexão para mostrar que as companhias e as pessoas se misturam, compondo uma entidade única. A empresa nada mais é do que uma expressão jurídica criada para permitir que você registre, debaixo de uma razão social, todas as suas atividades, de modo que suas compras, vendas, receitas e despesas sejam controladas, comparadas e comprovadas. Tem gente (inclusive eu) que chama a empresa de "ficção jurídica". É um bom modo de se estabelecer uma divisão entre a realidade do negócio, pessoas vendendo e pessoas comprando, e sua representação simbólica, constituída de contrato social, livros contábeis e documentação fiscal.

A importância dos controles internos

Se superamos a fase humana do escambo, das trocas simples de mercadorias, precisamos ter padrões de registro para que cumpramos o chamado "contrato social", submetendo nossas ações aos procedimentos consagrados pelo mercado e às leis previstas na organização econômica do Estado moderno.

Devemos muito a Luca Bartolomeo de Pacioli, um monge franciscano italiano que viveu entre os séculos XV e XVI. Matemático, é considerado o pai da contabilidade moderna. Ele desenvolveu o chamado "método das partidas dobradas", usado para registrar transações financeiras, em que créditos e débitos se combinam na relação entre contas.

Pode não parecer invenção importante, mas se trata de um instrumento de controle cujas bases são utilizadas até hoje. O respeito a essas equivalências permitiu que as empresas controlassem melhor suas finanças e pudessem se relacionar umas com as outras, seguindo as mesmas bases de controle interno. Foi um benefício enorme para os comerciantes de Veneza, onde o sistema foi aplicado inicialmente.

Quando estudamos as empresas familiares, verificamos que são particularmente importantes esses sistemas de auditoria e de controle nas atividades financeiras e operacionais. Afinal, quando tratamos de pais e filhos, de irmãos ou de outros aparentados, é natural que uma perigosa informalidade defina também as condutas associadas ao uso do dinheiro.

Em tempos recentes, os modelos de gestão e os controles internos, inclusive os contábeis, foram aprimorados. Hoje, além disso, os princípios da contabilidade estão se unificando no mundo inteiro, resultado do processo de globalização dos negócios. Antigamente, muitas empresas realizavam ajustes de acordo com o Federal Accounting Standards Advisory Board (FASAB), o modelo norte--americano. Dessa forma, produziam demonstrações no modo nacional e as adaptavam ao padrão dos Estados Unidos da América.

Felizmente, as regras nos campos da auditoria e da contabilidade estão se moldando aos padrões internacionais, o que permite que instituições financeiras, parceiros comerciais e mesmo governos possam ter uma noção clara dos sistemas de controle e resultados de cada empresa. Muitos países já seguem as normas estipuladas pela International Financial Reporting Foundation (IFRS), destinada a promover a transparência, a eficiência e o controle contábil das empresas que compõem os mercados nacionais e internacionais. Os Estados Unidos seguem regras próprias, mas os padrões da IRFS são usados na União Europeia, no Japão, na Coreia do Sul, na Rússia e na Austrália. O IFRS é referência, no Brasil, para as demonstrações financeiras de todas as empresas de capital aberto com títulos negociados publicamente e da maior parte daquelas que não realizam essas operações.

É fundamental que os proprietários de empresas familiares, assim como seus gestores profissionais, tenham amplo conhecimento

EMPRESAS FAMILIARES

dos conceitos basilares da contabilidade. Sem esse suporte técnico, torna-se difícil desenvolver negócios, lançar novos produtos, aperfeiçoar operações e estabelecer pilares de estabilidade e sustentabilidade para as empresas. Também é certo que uma contabilidade correta, clara e transparente permite que os gestores assegurem o respeito a valores éticos e honrem os regulamentos derivados dos padrões de *compliance*.

O problema é que a maior parte dos empreendedores está, pelo menos de início, preocupada com o negócio em si, ou seja, com ações de compra e venda que promovam a obtenção do lucro. O *mindset* está, portanto, dirigido para aspectos associados à produção (ou prestação de serviços) e à comercialização, de modo que a gestão contábil é toda repassada a um contador, muitas vezes externo. Nessa tradição, a contabilidade não se estabelece como ação de controle e parâmetro na definição de planos estratégicos, mas como um incômodo encargo que outros devem assumir.

Ora, uma empresa que realiza uma boa contabilidade sabe quais são suas despesas e receitas, tem noção de volumes, de sazonalidade e de eventuais obstáculos na consolidação ou desenvolvimento de negócios. A boa contabilidade, no detalhe, pode revelar qual é o fornecedor menos rentável e qual é o setor "gastão" da empresa. Se essas distorções são identificadas e corrigidas, sobra mais dinheiro para o aperfeiçoamento de produtos, para o treinamento de equipes e, por exemplo, para o investimento em ações de *marketing*.

Para muitas empresas, atrasadas nesse processo, a contabilidade existe basicamente para atender às exigências fiscais. Produzem demonstrações financeiras para serem arquivadas na junta comercial. Outra finalidade é a liberação de créditos. Nessas operações, os bancos exigem, evidentemente, demonstrações derivadas da escrita fiscal, isto é, do registro metódico de todas as entradas e saídas constantes da operação comercial em determinado período.

Já escrevi sobre isso no início deste capítulo, página 131, mas vale reforçar o conceito: quando morrem, as empresas morrem pelo

Marcelo Silva

caixa. Esses fracassos são, com frequência, derivados do desconhecimento das funções vasculares do fluxo de dinheiro na empresa. Imagine o corpo humano. Se o sangue para de circular, o tecido necrosa, desoxigena-se e rapidamente morre. O mesmo ocorre em uma organização, tenha ela ou não fins lucrativos.

Muitos executivos não se detêm na leitura de demonstrações contábeis atualizadas. Estão projetando o futuro baseados em dados de uma realidade já inexistente. Pela experiência, digo: se possível, tenha seus balancetes atualizados pelo menos até o décimo dia útil do mês. Se puder analisá-los até o quinto dia útil, melhor ainda. Dessa forma, é possível visualizar a situação patrimonial da empresa.

Diante da Demonstração de Resultados do Exercício (DRE), o executivo tem acesso a uma síntese das operações financeiras da companhia em um período definido, de modo a se mostrar como é constituído o resultado líquido, na comparação entre as receitas e as despesas.

A Demonstração do Fluxo de Caixa (DFC) mostra o trajeto e a destinação do dinheiro que entra em uma empresa. Ele entra e fica? Ou sai para um investimento ou para saldar dívidas? Quanto entra e quanto sai? O caixa deve sempre expor a verdade. Não pode ser construído por meio de malabarismos contábeis. Uma empresa pode reportar lucros consideráveis, mas pode não ter um caixa bem abastecido. Até mesmo empresas pouco lucrativas podem sobreviver. Empresas de caixa vazio, não.

Quem se exercita neste controle zeloso logo descobre se o fluxo de caixa da contabilidade está em consonância com o fluxo de caixa da tesouraria. É preciso, pois, determinar se a contabilidade do exercício reflete os registros das movimentações diárias e semanais. É a forma de saber se existe algum furo no sistema de controle.

É importante também a Demonstração do Valor Adicionado (DVA), porque revela, por exemplo, o que é distribuído em impostos, o que é gasto com pessoal e quais são os custos com a amortização de dívidas e com aluguéis. Há que se atentar ainda para os lucros retidos ou a distribuir para os acionistas.

EMPRESAS FAMILIARES

Nas empresas de capital aberto, são necessárias demonstrações contábeis, no mínimo, trimestrais. É necessário publicá-las e arquivá-las na Comissão de Valores Mobiliários (CVM), instituição que tem o poder de fiscalizar, normatizar e disciplinar as ações dos diversos atores envolvidos nas transações de mercado. Por meio dessa compilação de dados, os investidores podem acompanhar a evolução dos negócios nos quais empenham seus recursos.

Nas empresas familiares, a gestão financeira tende a começar de forma muito precária. Se o objetivo é sobreviver, o cálculo é simples. As receitas devem cobrir as despesas como impostos, taxas, energia, manutenção de equipamentos, amortização de dívidas, pessoal, instalações e logística. Se, depois disso, sobrar algum para o sustento da família, a conta fechou e segue o jogo.

O problema é que essa avaliação frequentemente passa ao largo do detalhe. Se houve prejuízo, não basta vender mais. É preciso saber se houve desperdício, se existe algum insumo caro demais, se existe possibilidade de redução de custos. Pior é quando um lucro suficiente mascara problemas crônicos na gestão financeira. Se a família se sustenta e goza do necessário conforto, empurra-se o problema com a barriga, protela-se o diagnóstico dos fatores de risco ao negócio e evita-se o esforço de correção de processos.

Esse fenômeno se repete em grandes corporações e também nos micronegócios. Na modesta empresa familiar, o Seu José ainda vende sua deliciosa coxinha de frango diante da escola por R$ 5,00. Paulo, seu filho e sócio, reclama que essa conta não fecha, pois, esse item do menu deveria custar no mínimo R$ 6,00. Para o pai, iniciador do negócio, não convém mexer em nada. Afinal, a família ainda sobrevive e não atrasou uma parcela sequer do financiamento da casa própria. Ele até tem seus argumentos. As esfihas, pastéis e quibes compensam o que se perde naquele produto específico. Neste caso, pode haver uma questão mercadológica em jogo, mas é importante que os gestores tenham um controle contábil de suas ações e possam se antecipar aos fatos, realizando os ajustes necessários, seja reduzindo custos, seja alterando preços.

Marcelo Silva

É preciso entender que, depois de toda a operação, sobra um valor, que é distribuído. Em uma grande corporação do setor de varejo, por exemplo, as receitas podem impressionar. Porém, um exame mais detalhado mostra que há inúmeras obrigações. Imagine que cerca de 40% são consumidos por pessoal. Os impostos levam outros 40%. Os aluguéis dos imóveis das lojas têm igualmente custos elevados.

No fim, sobra um naco de 3% a ser distribuído para os acionistas. As demonstrações contábeis são fundamentais para que esses parceiros acompanhem as movimentações financeiras da empresa e verifiquem se seus recursos estão sendo bem aplicados. Elas também auxiliam conselheiros e executivos a definir correções e planejar ações de fortalecimento do negócio. Por todos esses motivos, a contabilidade é um instrumento indispensável à atividade empreendedora.

Hoje, já se fala em contabilidade realizada por robôs, ou seja, por programas digitais. Certamente, é uma tendência mundial que rotinas sejam controladas por maquinários dotados da inteligência dos algoritmos. No entanto, não é certo que o homem será substituído nos processos. Ainda que desenvolvam essas ferramentas, os seres humanos continuam a definir e a separar os dados que abastecerão o sistema. Também são eles que, por meio do raciocínio, alterarão regras, aprimorarão modelos e interpretarão as informações ocultas nos números, fundamentais à construção de estratégias de negócio.

A contabilidade é, sim, uma ciência exata. Entretanto, das demonstrações contábeis podemos extrair um saber que transcende a frieza dos números. Por meio dela, podemos detectar tendências, compreender processos e obter balizas para ações futuras.

Transparência

Convém uma observação pertinente ao tema deste capítulo. No Brasil, as companhias multinacionais, sem as obrigações das sociedades anônimas, não publicam suas demonstrações contábeis.

EMPRESAS FAMILIARES

Seria apropriada a divulgação desses dados, pelo menos por parte daquelas que detêm considerável patrimônio e que movimentam valores elevados em transações de compra e venda.

No caso de muitas dessas empresas, a obtenção de dados de performance depende das demonstrações trimestrais das *holdings* ou controladoras, ou seja, das matrizes fora do país.

Essa situação faz com que grandes corporações se sintam liberadas de dar satisfações à sociedade brasileira. Em seus países de origem, são obrigadas a efetuar os *disclosures* necessários para os acionistas (os pequenos e os grandes), para o mercado e para os cidadãos em geral. Aqui, no entanto, permanecem de janelas fechadas.

Portanto, no Brasil, é comum que grandes empresas internacionais fechem o capital e se transformem em sociedades por quotas de responsabilidade limitada. Quando se estabelece essa configuração jurídica, dificulta-se o acesso ao que ocorre na vida financeira da empresa. Os tribunais têm entendido que a publicação de balanços é facultativa para as empresas de capital "limitado".

10

ABERTURA DE CAPITAL

Desafios da venda de ações no mercado
—

Quando iniciam um processo de crescimento, muitas empresas familiares, especialmente aquelas que atuam no varejo, necessitam de investimentos em ativos imobilizados (como edifícios e equipamentos) e, principalmente, em capital de giro. Essas demandas são próprias de situações em que a empresa deixa seu *status* de negócio de subsistência e adquire uma função maior no mercado, convertendo-se em uma fonte de comodidades, recursos e inovações para a sociedade que a abriga.

No Brasil, vigora um modelo fortíssimo de vendas a prazo. Em boa parte de minha trajetória, trabalhei no setor supermercadista. Comprávamos a prazo para vender à vista. Na época em que concluo este livro, em 2024, não é raro que as empresas comprem à vista e vendam a prazo. Aliás, nas companhias do chamado ramo duro (móveis, eletrodomésticos, smartphones e informática, entre outros produtos), é o que ocorre. O varejo vende aos consumidores finais com prazo muito mais largo do que aquele concedido pelos fornecedores.

Eles também enfrentam problemas com a administração do capital de giro, fundamental para a composição dos estoques. Vale dizer que o dinheiro é ainda muito caro no Brasil.

Marcelo Silva

De uma forma ou de outra, nossa economia tende a crescer a ponto de se tornar a quinta maior do mundo. É natural, porque já somos o quinto país mais populoso, com cerca de 203 milhões de pessoas, além de contarmos com o quinto maior território. Temos, portanto, volume. E a verdade é que a economia é feita por gente que produz, comercializa, consome e faz o dinheiro girar.

Se o país cresce, suas empresas tendem a se ampliar. Nesse processo, no entanto, precisam de capital. Uma das formas de obtê-lo é por meio de suas próprias operações. Fornecedores e instituições bancárias também podem oferecer esse suporte. Por fim, esses recursos podem ser conseguidos por meio dos investidores. Por este motivo, muitas empresas em expansão recorrem ao chamado *Initial Public Offering* (IPO), que traduzimos por Oferta Pública Inicial. É quando uma companhia inicia a venda de suas ações para o mercado. Nesse processo, os donos abrem mão de parte dessa propriedade, repartindo-a entre os investidores ou emitindo novas ações.

Em empresas familiares, este é um processo normalmente complexo. Os donos, especialmente os fundadores, encontram uma natural dificuldade em compartilhar o que construíram. Julgam que esse movimento possa descaracterizar a organização e destruir a cultura criada no ambiente do clã.

Participei de três IPOs em empresas criadas e geridas por famílias. A primeira vez foi no supermercado Bompreço, numa época em que ali atuava como diretor financeiro. Depois, tomei parte do IPO do Magazine Luiza, como CEO. Por fim, estive presente na abertura de capital da Movida Rent a Car, como conselheiro.

Com base nessa experiência, gostaria de chamar a atenção para questões críticas no IPO. A primeira delas é a abertura da empresa em si, que será exposta aos órgãos que controlam esse segmento de crédito, como a CVM, no Brasil e a Securities Exchange Commission (SEC), nos Estados Unidos, bem como aos investidores e aos analistas de mercado.

Nem sempre essa é uma tarefa de fácil realização. A casa tem que estar bem arrumada para receber as visitas. O empreendedor,

EMPRESAS FAMILIARES

nessa situação, não pode apresentar-se a partir de números projetados. Se o fizer, será cobrado e terá de definir caminhos para atingir o alvo definido.

Quando a empresa cresce por meio de aquisições, seus gestores podem ser questionados sobre essa estratégia. No caso do varejo, por exemplo, o processo de integração é sempre muito complexo. Por vezes, leva anos até se completar. E os acionistas estão de olho. Perguntam: no que essa decisão pode maximizar nossos ganhos?

Ora, mas a atitude inversa também pode incomodar. Quem não faz aquisições também é questionado. Não seria esta uma forma de crescer mais rapidamente?

As contestações não param por aí. Se o empreendedor tem uma estratégia agressiva de crescimento pode ser criticado pelo arrojo considerado excessivo. Se tem uma atitude cautelosa, também ouve reclamações, pois se considera que assim a empresa será superada pela concorrência.

Então, se correr o bicho pega, se ficar o bicho come. Alguns analistas se comportam como verdadeiros jornalistas em busca dos defeitos, insistindo no viés negativo. A empresa pode apresentar uma série de bons resultados e excelentes iniciativas. Esses profissionais, no entanto, dedicam-se a procurar problemas, exagerá-los e expô-los ao debate público. Querem mostrar que conhecem o assunto e, assim, enveredam pela senda da crítica implacável. Às vezes, nos dão a sensação de que torcem contra.

Em 2005, a Cosan, empresa de grande porte que atua nas áreas de logística, energia e infraestrutura, abriu seu capital. Pouco tempo depois, Rubens Ometto Silveira Mello, principal gestor da companhia, ouviu as críticas dos analistas. Em resposta, sugeriu que fossem administrar a empresa. Se sentassem na cadeira de um executivo, saberiam de fato quais eram os desafios e problemas corporativos.

É fácil para o crítico externo realizar simulações em Excel e organizar ideias em um PowerPoint, mesmo sem que jamais tenha conhecido um depósito de produtos, escutado reclamações de um cliente ou participado da saga diária de um caixa ou de um entregador. O tal PowerPoint pode indicar referências do conhecimento teórico, mas dificilmente expõe a realidade objetiva de uma empresa.

No processo de IPO, também é importante verificar a qualidade dos bancos e consultores que participarão do processo. Busque os melhores que o seu dinheiro possa pagar. Quem paga menos, apenas por questão de economia, corre o risco de ganhar uma grande dor de cabeça.

Essas instituições financeiras projetam a operação, elaboram o prospecto e providenciam a documentação a ser enviada à Comissão de Valores Mobiliários (CVM). Em tempos recentes, vários bancos de investimento em atividade no Brasil se envolveram em irregularidades. Alguns deles foram enquadrados pela justiça por violar normas legais, outros por comprometimento patrimonial. Quando um IPO depende das mediações de bancos poucos confiáveis, é provável que os investidores potenciais fiquem com um pé atrás.

Cabe destacar outra exigência de um IPO. Trata-se da determinação do preço da ação que será lançada. Geralmente, é um jogo de puxa-encolhe dos bancos e dos investidores no qual a empresa precisa se posicionar com firmeza. Se for definido um preço muito alto, ela terá que arcar com essa responsabilidade ao remunerar os futuros acionistas.

A situação contrária também é desvantajosa. Se o valor for muito baixo, parte do capital será vendido por um valor que não corresponde à realidade da empresa. Portanto, a definição do preço é fundamental. Não pode ser alto demais nem baixo demais.

Outro tema relevante é o *alocation*. Quem vai ter recursos alocados na empresa? Muitas vezes, por meio dos bancos agenciadores, o empreendedor coloca para dentro de casa investidores com os quais não gostaria de estabelecer qualquer parceria. Com um valor pequeno, quotas de participação podem ser adquiridas por "laranjas" da concorrência. Não há como estabelecer um filtro totalmente seguro, mas é possível tomar precauções e estabelecer um

EMPRESAS FAMILIARES

controle do processo. O empreendedor precisa saber, por exemplo, quem são os interessados no negócio e impor limitações. Outro cuidado: convém que uma parte considerável das ações seja reservada a investidores de longo prazo.

É importante que a companhia conceda apenas uma parte de suas ações aos *hedge funds*, que entram e saem de negócios de acordo com seus interesses especulativos. Nessas situações, eles normalmente não se empenham na criação de valor no longo prazo. Preferem jogar e especular, por vezes até diariamente, nas bolsas de valores. São os chamados gansos selvagens de Wall Street, em Nova Iorque, e da 15 de Novembro, em São Paulo.

Após a abertura do capital, os gestores da empresa devem igualmente se precaver em relação às suas declarações. Qualquer meta estabelecida pode gerar questionamento. Qualquer definição estratégica pode alterar para cima ou para baixo o valor das ações. Falas intempestivas, incorretas ou imprecisas podem gerar até mesmo penalizações, caso promovam uma movimentação relevante nas bolsas, para cima ou para baixo. Às vezes, a falta de comunicação pública de um fato relevante ou de uma informação ao mercado pode gerar sérias complicações para a empresa.

Em outras palavras é assim: em uma empresa de capital fechado, as decisões têm repercussão intramuros. Em uma empresa de capital aberto, é sempre necessário dar satisfação aos investidores, ao mercado e aos órgãos reguladores do setor. Se puder, evite ao máximo dar os famosos *"guidances"* (orientações). A quem interessa fornecer os *"guidances"*?

Os benefícios? Cito o presidente de uma importante companhia que tem ações na bolsa de valores. Segundo ele, o único benefício real gerado pela abertura de capital é a obtenção do próprio capital; o resto todo é negativo. Não comungo dessa ideia. Creio que há outros benefícios. Por exemplo, a empresa passa a ter uma gestão muito mais transparente. Constitui-se uma preocupação maior com a governança corporativa. Diante da obrigação de dar satisfações

Marcelo Silva

aos externos (deveriam ser dadas também aos internos), a gestão se torna mais cuidadosa e responsável.

Uma empresa de capital aberto está sempre disponível ao escrutínio dos investidores, dos analistas e dos agentes do mercado. Eles compõem o quarto poder, equivalente àquele exercido pela imprensa na sociedade.

Eles questionam, por dever de ofício, a gestão e os resultados. Dessa forma, a empresa é induzida a se manter focada nos controles contábeis, nas boas práticas de governança, na manutenção da boa imagem da marca e no cumprimento de compromissos assumidos perante terceiros. Muitas vezes, são exigências que fazem bem a uma empresa familiar. Os gestores do clã são obrigados a sair da zona de conforto, a aprender mais e a empenhar-se em processos de atualização e reinvenção. Por vezes, um IPO salva uma companhia do processo natural de estagnação, obsolescência e morte.

11

GROWTH

It's the top line, stupid!

Ganhou fama a frase "é a economia, estúpido!", cunhada em 1992 por James Carville, estrategista da campanha de Bill Clinton, na disputa contra o presidente republicano George H. Bush. Em certa fase do mandato, depois da invasão do Iraque, o republicano era favoravelmente avaliado pela maioria dos eleitores. No ano seguinte, a opinião pública tinha mudado radicalmente. Com sua frase, Carville explicava o porquê.[64]

Realmente, para fins de reeleição, os governantes se sustentam, sobretudo, nos resultados da economia. É o principal fator a definir, por exemplo, a popularidade de um presidente ou primeiro-ministro. Quando a economia vai bem, a taxa de desemprego é baixa, a inflação está sob controle, há uma gestão adequada do orçamento público. Se não falta feijão no prato e gasolina no tanque, as pessoas fazem a seguinte pergunta: por que tenho de trocar de governante?

O mesmo ocorre quando o mandatário pretende indicar seu sucessor. Se as pessoas sentem conforto no bolso, as chances de triunfo são grandes. Em caso contrário, abre-se a grande oportunidade para

---

[64] US Democrats should remember, "It's the economy, stupid", Financial Times, Edward Luce (27/03/2019), https://www.ft.com/content/b8e4f7c8-5070-11e9-9c76-bf4a0ce 37d49, acesso em 02/10/2022.

a oposição. Esse paradigma vale para o mundo todo, inclusive para o Brasil. Surfando nos resultados do Plano Real, Fernando Henrique Cardoso se reelegeu em 1998. No início da década seguinte, os indicadores apontaram para baixo e seu partido sofreu um duro revés eleitoral. Em 2010, o PIB brasileiro alcançou um crescimento de 7,5%, depois do susto gerado pela crise dos *subprimes*, que nos afetara no ano anterior. E, assim, Luiz Inácio Lula da Silva elegeu Dilma Rousseff, ainda pouco conhecida pelos brasileiros.

No universo corporativo não é diferente. Costumo dizer que existem dois tipos de empresas: as que vão bem e as que vão mal. As primeiras têm dinheiro em caixa; as outras, não. As empresas saudáveis são aquelas que garantem a operação, honram seus compromissos financeiros e investem em processos de aprimoramento e inovação. Quando necessitam de crédito no sistema bancário, encontram-no preservado e à disposição. Em um corpo saudável, o coração bombeia sangue para todos os órgãos, oxigenando-os. Em uma empresa economicamente sustentável, o caixa gera recursos para todos os setores e departamentos, garantindo-lhes a vitalidade.

Nas empresas que não cuidam do fluxo de caixa, os problemas se avolumam. É uma bola de neve. Sem os meios próprios necessários e sem crédito bancário, os setores reduzem o ritmo de atividades, cortam procedimentos fundamentais à operação e, enfim, abandonam os projetos de atualização. Nessa espiral de declínio, a obsolescência se converte em veneno mortal para qualquer corporação.

Nas empresas familiares, é fundamental a manutenção da confiança. As melhores cumprem suas obrigações e garantem a boa imagem perante os mercados. Em geral, é um sobrenome que figura nos contratos de empréstimos, nas notas promissórias e nos saldos bancários. O "nome sujo" de um membro da família afeta todo o negócio. Ao mesmo tempo, quando a empresa se mete em apuros, arranha-se a reputação de todo o clã controlador.

Convém frisar que as pessoas jurídicas nada mais são do que um somatório de pessoas físicas, uma ficção jurídica. Tudo

EMPRESAS FAMILIARES

é feito por pessoas para outras pessoas. A imagem pública do indivíduo se estende naturalmente à empresa da qual participa, como gestor ou acionista. As indústrias Matarazzo eram, acima de tudo, o sobrenome que carregavam, resultado do conceito de valor constituído pelo empreendedor que fundou o conglomerado. Assim como as organizações de varejo sob o guarda-chuva do Bompreço carregavam a sólida reputação da família de João Carlos Paes Mendonça.

Quando o cliente está dialogando com um vendedor, para ele o Magazine Luiza é aquele vendedor. Quando está falando com um gerente da loja, esse profissional personifica a empresa.

Tudo é gente! Subindo na hierarquia, ao negociar a compra de uma geladeira no Magazine Luiza, a Dona Maria trata também com a própria Luiza Helena, mesmo que esteja sentada diante do vendedor Cláudio. As empresas familiares têm, portanto, identidade marcada. Não à toa, essa rede de varejo ganhou uma anfitriã virtual, a Lu, presente em todas as mídias de contato com o público. O objetivo foi personificar o conceito de gentileza e honestidade que define a companhia.

Hoje, aliás, usa-se o termo digital para tudo. Quando a empresa quer propagandear alguma modernidade, embala a mensagem nos códigos da virtualidade.

Beleza! As companhias têm mesmo a obrigação de avançar nesse território. Precisam ser digitais para atender aos clientes digitais. Se persistirem teimosamente no modelo analógico, serão ultrapassadas pela concorrência. Morrerão. No entanto, é preciso que levem em consideração a existência de pessoas reais, de carne e osso, atrás das telas do sistema de vendas.

Assim, completo um largo círculo de pensamento. É a economia, estúpido! Sim! *But, first of all, it's about people*, porque são as pessoas que protagonizam as trocas econômicas. São elas que experimentam as aflições de cada crise. São elas que vivenciam a alegria de cada período de prosperidade.

Marcelo Silva

Gente tratada como salame

Principalmente durante as crises, temos visto a tentativa desesperadora de poupar custos. Tudo isso é muito bacana porque, evidentemente, é preciso racionalizar procedimentos e operações. É exigência de qualquer projeto de gestão evitar o desperdício e tirar o maior proveito dos recursos da companhia. Esse aprimoramento deve ser tarefa permanente e equivale a cortar as unhas. Como humanos civilizados, insistiremos nisso enquanto vivermos, por questões práticas, estéticas e higiênicas.

Se prédios não podem ter vazamentos no sistema hidráulico, empresas não devem tolerar que seus recursos sejam escoados de maneira imprópria. Em décadas de carreira, participei de várias equipes encarregadas de reduzir custos. Percebi, no entanto, que o primeiro grave equívoco era adotar como prioridade o corte indiscriminado de pessoas.

Em uma companhia na qual atuei por muitos anos, os colaboradores eram cada vez mais empenhados, zelosos e compromissados, resultado de nossa política de valorização dos recursos humanos. Sim, o caixa era bem irrigado diariamente, resultado do excelente trabalho de vendas. Certo dia, no entanto, um executivo "iluminado" colocou como tábua de salvação da empresa cortar custos.

Se fosse para evitar o desperdício e racionalizar a aplicação de recursos, eu cerraria fileiras com ele. Veio, porém, a ideia de cortar 10% do pessoal. Ora, mas que despropósito! Era justamente o nosso pessoal que garantia a vitalidade do negócio. Interrompi minhas atividades e fui ter com o representante dos acionistas.

"Por gentileza, comunique aos seus parceiros acionistas que não corto gente, porque gente não é salame. Salame a gente corta e fatia. Com gente, não se pode fazer isso. O problema não é somente com os 10% que serão demitidos, mas com os 90% que permanecerem. Se assim for feito, destruiremos nossa filosofia e abalaremos a confiança que serve de base para a empresa."

EMPRESAS FAMILIARES

Logicamente, coloquei meu emprego em risco, mas essa mensagem precisava ecoar. Os chamados *layoffs*, parte dos projetos de *dowsizing*, tornaram-se uma mania, uma doutrina mítica, especialmente a partir da década de 1990. É evidente que correções dessa natureza se tornaram, em parte, desejáveis e benéficas, primeiramente em função da robotização do chão de fábrica; depois, como resultado do crescente controle digital da produção. No entanto, a aplicação cega e descontextualizada do conceito alienou os ativos mais valiosos de inúmeras empresas.

No caso do varejo, as pessoas ainda são muito necessárias. Elas constituem a interface tangível e confiável da empresa. Naquela ocasião, apresentei estes argumentos no debate com o defensor dos interesses dos acionistas. Ele me chamou de idealista. Retruquei afirmando que não falava como psicólogo, mas como um profissional que mexia com números, cuja base de formação era a contabilidade. A empresa havia crescido sobre o pavimento das pessoas e como contrapartida tinha decidido demitir muitas delas. Qual era a lógica?

O debate continuou. E, conhecendo bem nossas operações, informei meu interlocutor de que os funcionários preservados logo estariam sobrecarregados, estressados e doentes. "Vão trabalhar por medo e não pela busca da autorrealização", avisei. Despencaria, pois, a qualidade no atendimento ao público. Naquele momento, eu não me sentia um militante político, mas um profissional de *management* que executava a avaliação técnica rigorosa de um projeto. Minha bronca era com os executivos que haviam se especializado em botar gente na rua, contratados para passar a navalha, ceifar e enxugar. Muitos deles, ainda hoje, exercem essas funções com um mórbido prazer. Sentem-se, de algum modo, poderosos senhores da vida alheia. Antecipam-se ao Juízo Final. Narro esse episódio, em detalhes, em meu primeiro livro: *Gente não é Salame*.

Alcançamos, então, o ponto central desta reflexão. Se existe a crise, por que não buscar solução no aumento das vendas e na elevação das receitas? Frequentemente, os cortes de funcionários

Marcelo Silva

eliminam vantagens competitivas representadas pela *expertise* das pessoas. Construídos na organização ao longo dos anos, conhecimentos estratégicos desaparecem com aqueles colaboradores que se vão. Pior, muitas vezes acabam apropriados pela concorrência.

Ora, e onde esse ritual de sacrifício humano é mais danoso? Justamente nas empresas familiares. É nelas que a tradição do saber fazer se mostra mais valiosa. Cabe lembrar que as empresas de família não se compõem apenas dos entes consanguíneos. Elas abraçam também todo o corpo de colaboradores leais, cientes do *modus operandi*, aqueles que compreendem as razões dos fundadores e que, naturalmente, agem como se fossem seus herdeiros.

Cortar pessoas equivale, quase sempre, a eliminar pilares da cultura da companhia, especialmente em organizações familiares. Em 2002, tornei-me diretor-presidente da rede de supermercados GBarbosa, absorvida pela Royal Ahold, a empresa que antes também adquirira o Bompreço. Ali, encontrei um senhorzinho octogenário que atuava no depósito central da empresa havia meio século. Nos primeiros dias, percebi que se sentia incomodado e pouco à vontade. Considerava que os novos proprietários o colocariam na rua.

Um dia, convoquei-o ao meu escritório. Conversamos e procurei saber de sua história. Aos poucos, ele ganhou coragem e expôs suas ideias. Mesmo reservado, narrou episódios, teorizou sobre processos de trabalho e demonstrou sua afeição pela empresa. Percebi que aquele homem franzino era um pedaço importante da alma do GBarbosa. Parei um instante e determinei:

"Enquanto eu for presidente do GBarbosa, o senhor fica. Deixe seu posto de trabalho somente quando quiser. Tem a minha palavra."

Ele saiu quieto, mas seu semblante revelava alívio e satisfação. Mesmo depois do bate-papo franco, eu ainda não sabia exatamente de quem se tratava. Onde vivia? Como chegara à empresa? Por que permanecera tanto tempo ali?

Dias depois, em uma reunião ampla com os funcionários, expus nossos projetos de gestão. Ao fim da preleção, fui conversar com a

EMPRESAS FAMILIARES

diretora de RH, que era uma Barbosa, ou seja, integrante da família que fora proprietária da empresa. Encontrei aquele senhorzinho junto dela. Relatei que conversara com o decano do depósito e que garantira sua permanência na companhia. Ela, então, me surpreendeu:

— O senhor sabia que ele é irmão do meu pai?
— Sério? Eu não sabia.
— Sim, é meu tio, irmão do ex-dono da GBarbosa.
— Caramba!

Então, ficou-me a lição: que benefício efetivo teríamos obtido cortando aquele funcionário? Minha decisão surtiu um efeito muito positivo dentro da empresa, reforçando a confiança dos colaboradores. A motivação gerou qualidade, que resultou em elevação no volume de vendas, que garantiu a lucratividade. Uma empresa pode ter ótimas instalações, modernos equipamentos e práticas de gestão maravilhosas, importadas de conceituadas universidades e institutos. Sem a energia e o carisma das pessoas, no entanto, não é nada, pois carece de vida. No caso de empresas familiares, compreender esse conceito é fundamental.

Se há crise, portanto, convém valorizar as pessoas. É preciso pensar fora da caixa, identificar novas oportunidades e, sobretudo, transpirar um pouco mais. Paredes transpiram? Computadores transpiram? Não, são as pessoas que transpiram.

Como CEO, ouvi muitas vezes frases do tipo: "o senhor sabe, o movimento diminuiu, tá todo mundo parado". E eu costumava responder: "só temos uma solução, que é transpirar mais". Transpirar não é correr sem destino. É agir para buscar mais, é organizar o esforço humano para fazer mais, melhor e com maior rapidez. É gerar qualidade e diferenciação para conquistar reputação, atrair novos consumidores, encantar, fidelizar e, assim, elevar as receitas.

Na Pernambucanas, tínhamos o mês de janeiro mais fraco em vendas, assim como abril e setembro. Criamos, então, o saldão e mitigamos esse problema. Constituímos um *mix* de produtos que passaram a atrair consumidores de diferentes perfis. As ofertas incluíam eletrodomésticos, artigos de decoração, vestuário e equipamentos eletrônicos. Não raro, quem buscava um celular acabava saindo também com um ventilador e uma calça *jeans*. Valia sempre o esforço de vendas da equipe, treinada para auxiliar os clientes na definição da melhor compra. Vendendo mais, resolvíamos a equação contábil.

Dessa forma, convém esclarecermos o conceito. O *top line* é o termo de referência para as vendas brutas ou as receitas. O *bottom line* define o que sobra depois que todas as despesas forem deduzidas desses valores ingressantes. É evidente que nem sempre o crescimento das receitas garante incremento no lucro, pois estes ganhos podem ser consumidos por despesas ainda maiores. Em uma empresa bem gerida, no entanto, que evita o desperdício, controla seus gastos e realiza uma adequada gestão contábil, é fundamental que o crescimento e a superação das crises se escorem no *top line*, isto é, na ampliação planejada e continuada das receitas. Cortes de pessoal podem equilibrar contas, sem dúvida, mas são soluções temporárias. Não se pode demitir todo mundo. Portanto, se a ordem é sanar, equalizar e avançar, melhor produzir mais e vender mais. Como chegar lá? Valorizando, treinando, educando e incentivando as pessoas.

Há outro detalhe relevante nessa reflexão. O Brasil ainda funciona segundo o paradigma da inflação e da correção monetária. É a nossa mentalidade, o que está na cabeça das pessoas. Nunca vi preços serem realmente reduzidos. E parte da inflação é gerada por condutas preventivas. Ela sobe 5%, os prevenidos elevam seus preços em 7%. Os outros mais cautelosos ainda, para se safar de um eventual prejuízo, estabelecem logo uma majoração de 10%. Evidentemente, escapamos da inflação galopante, que vigorava até 1994. No entanto, esse comportamento de defesa ainda perdura no inconsciente coletivo. Na época da conclusão deste livro, em abril de 2024, o Brasil tinha, em 12 meses, a sétima maior taxa de inflação entre os países do G20.

EMPRESAS FAMILIARES

Mas o que é melhor do que aumentar preços? É elevar o volume de vendas! Trabalhei como executivo por 24 anos no Bompreço, sete anos na Pernambucanas e período idêntico como CEO do Magazine Luiza. Foram 456 meses. Em todos aqueles meses nos quais não registramos boas vendas, não auferimos lucro. Quando tivemos vendas consideráveis, ao menos cobrimos o *budget*. Nos meses em que registramos vendas mais altas, obviamente, os lucros foram expressivos. Sempre foi assim.

Sem dúvida, minha experiência é bastante centrada no varejo. Desse modo, afasto-me da generalização. Mas o padrão é este. Garantir o padrão no *bottom line* é fazer a lição de casa, é disciplinar-se, é cumprir a obrigação. Entretanto, para consolidar um negócio, dar o salto qualitativo e crescer continuamente, é preciso transpirar, vender mais, garantir receitas mais robustas. *It's the top line, stupid!*, especialmente se você é um varejista.

Hoje, o *bottom line* é o centro das atenções, especialmente para os *hedge funds*, para os investidores de curto prazo, para aqueles que, no mercado, estão distantes da operação. É o que importa para quem está de olho nos dividendos. Para quem pensa na perpetuação das empresas, no entanto, é necessário extremo cuidado com essa visão. É o caso das empresas familiares. A pressão por resultados pode resultar na queima dos ativos que representam o diferencial de qualidade da empresa. Pode ser o funcionário veterano que sabe a melhor receita, pode ser a matéria-prima mais cara que confere durabilidade ao produto, pode ser a manutenção do prédio que gera encantamento nos clientes.

Quem renuncia a valores perde o controle da companhia. Quem despreza o que tem de especial acaba na mesmice da concorrência, iguala-se aos demais, perde a capacidade de oferecer qualidade na diferenciação.

Quando a família Paes Mendonça do Recife vendeu a metade restante da empresa para os holandeses da Royal Ahold, no ano 2000, compreendi que morria um jeito de ser da empresa. Chorei de verdade ao receber a notícia. Ouvi mentalmente a voz do narrador esportivo Galvão Bueno: "acaboooouuu". Mas o que havia se acabado? A filosofia daquela empresa, o jeito de formar seus profissionais, sua política de preços, sua atitude no ato da venda, seu carinho com as pessoas. Aquela empresa gentil, caprichosa, feita pelos nordestinos e para os nordestinos, tinha acabado.

Dois anos depois, em uma reunião latino-americana das subsidiárias, na Guatemala, o vice-presidente de operações da Ásia e da América Latina da Royal Ahold apresentou os objetivos para 2003: crescimento real das vendas em 10%; redução de custos de 10%; incremento no capital de giro também em 10%. A ordem valia para todas as empresas subsidiárias da América Latina. Comentei com um colega:

— Mas é tabelado, é? Porque é preciso levar em conta que algumas companhias estão em boa situação; enquanto outras, nem tanto.

O palestrante recomendou que os sócios perseguissem esses objetivos. Mas, no caso das companhias em que a Royal Ahold tinha 100% do controle acionário, exigiu fortemente o cumprimento da meta. "*I strongly demand*", disse. Ora, como era possível generalizar uma exigência desse tipo? Como assim cortar obrigatoriamente 10% dos custos? Como garantir que os cortes não afetariam, já no médio prazo, os resultados? Considerei que a ordem expressava uma conduta absolutamente arrogante. Foi quando defini que buscaria outros caminhos profissionais.

Onde mora o problema

Quer perenizar sua empresa? Tem intenção de superar a crise? Faça o que for necessário para manter, ou melhor, ampliar seu *market share*. Então, gaste preferencialmente naquilo que faz seu

EMPRESAS FAMILIARES

top line crescer. No caso brasileiro, os tradicionais varejistas Mappin e Mesbla não fizeram essa lição de casa enquanto atravessavam as crises. Em algum momento, apenas cortaram custos e pessoas, de modo que destruíram seus trunfos de recuperação. É o que os analistas chamam de espiral descendente. Corta para não ter prejuízo. Nesse recuo, não investe esforço e recursos no incremento de vendas e receitas. Aí, deixa de crescer. Corta mais ainda para empatar a conta. Em determinado momento, não há mais o que cortar e a virada se torna impossível. O jeito é baixar as portas.

Creio que as empresas não quebram por causa das crises. Na verdade, as crises apenas realçam falhas já existentes e acionam mais cedo o detonador da bomba de fragmentação. Apenas de 5% a 10% das empresas familiares sobrevivem até a terceira geração. Quer dizer que acumulam problemas diversos, como ausência de formação de sucessores, construção inadequada de padrões para a gestão profissional e incapacidade de compatibilizar a tradição e a modernização.

Aqui e fora do Brasil, a receita para sobreviver é crescer. Empresa que não cresce, padece. Simples assim. Na sopa de letrinhas, já estiveram na moda termos como *reengineering, supply chain management* e *compliance*. Agora, as empresas começam a ser avaliadas pelo que talvez seja o mais importante: *growth*, um termo importado do universo da macroeconomia. Do ponto vista social, é o que mais interessa ao mundo em transformação e em busca de equilíbrio. Se há pobreza, carência e dificuldade, os problemas se resolvem com crescimento. Quando as empresas prosperam, estende-se a ciranda das trocas comerciais, há mais empregos, amplia-se o capital circulante e multiplicam-se os bens produzidos. Se há aumento na oferta, reduz-se o preço. Ganha-se, no entanto, no volume. Em 1908, um Ford T, o carro que revolucionou a indústria automobilística, custava US$ 850. Dezessete anos depois, em 1925, a versão evoluída do veículo custava apenas US$ 260. O que mudou? O volume! Em 1910, foram produzidos 19 mil carros; em 1925, 1,9 milhão, cem vezes mais![65] [66] [67]

Em seu *best-seller Homo Deus*, o já citado historiador Yuval Harari mostra como o capitalismo consciente, mesmo com suas graves falhas, tem sido capaz de ajudar a espécie humana. Nos últimos 200 anos, há muito mais comida disponível, o saneamento básico melhorou, há remédios eficazes por preço cada vez mais baixo e a expectativa de vida aumentou substancialmente. O estudo do tempo recente mostra que esses benefícios se multiplicam onde há maior crescimento econômico. É a maneira mais sensata de se reduzir a miséria. A outra solução é tirar dos ricos e dar aos pobres. Ainda que a desigualdade seja escandalosa no mundo, este é o meio mais traumático de se solucionar o problema, pois gera conflitos, crises e ressentimentos. Melhor é crescer e cuidar para que os frutos dessa evolução sejam distribuídos de forma mais justa.

O melhor *top line*

Em um mundo que exige as trocas comerciais, é preciso vender. Se vender bem, tudo bem. Mas é preciso vender com margem, com inteligência de preço, porque vender detonando a margem é fácil, qualquer um faz e, no fim, gera receitas incapazes de pagar as despesas. No caso de uma rede de varejo, por exemplo, as vendas devem ser examinadas com lupa. Por que uma unidade vende bem e outra vende mal? Por que não consigo vender este produto que é

---

[65] Conceptcarz, Daniel Vaughan (março de 2006), https://www.conceptcarz.com/vehicle/series.aspx?modelID=75, acesso em 10/01/2022.

[66] Há um século, a linha de montagem da Ford mudou o mundo, G1 (07/10/2013). http://g1.globo.com/economia/noticia/2013/10/ha-um-seculo-a-linha-de-montagem-da-ford-mudou-a-sociedade.html, acesso em 10/01/2022.

[67] Henry Ford and the Model T, John Wiley & Sons, 1996. Reprodução em http://www.wiley.com/legacy/products/subject/business/forbes/ford.html, acesso em 10/01/2022.

EMPRESAS FAMILIARES

sucesso na vitrine do concorrente? Por que tal item faz sucesso nas lojas do interior e encalha nas lojas da Capital? Por que outro vende muito na Capital e não cai no gosto do consumidor interiorano?

Na maioria das vezes, o problema e a solução podem ser encontrados nas pessoas. O cliente chega a uma loja e vê todos os vendedores motivados. Eles explicam as particularidades e vantagens do produto, discutem formas de pagamento e se adiantam em informações sobre prazo de entrega. Noutra, o desinteresse impera. O profissional parece fazer um grande favor em explicar se o aparelho usa pilha ou carregador, se é possível ou não pagar no cartão, se a entrega pode ser realizada no fim de semana.

No Magazine Luiza, a dona sabe disso e opera diretamente nesse processo. Pela TV Luiza, entusiasma a equipe, com simplicidade e autenticidade. Trabalhamos juntos porque temos a mesma opinião sobre o *top line*. Se não fosse assim, a rede não teria se agigantado tanto em anos recentes. A empresa tem um *slogan* que reproduz a teoria do filósofo Heráclito: "No Magazine, o que não muda é que ele sempre muda". É verdade. Só não mudam os valores. A empresa vende cada vez mais e cada vez melhor. Assim se mantém e cresce. No fim, ali, todos sabem: *it's the top line, stupid!* O *bottom line* é consequência.

Finalizo com uma advertência aos navegantes. Se essa onda de "salamizar" as pessoas continuar preponderando, logo não teremos para quem vender. Vale o cuidado. Vale o bom senso.

12

VAREJO

Sucessos efêmeros e luta pela sobrevivência
—

Conforme já narrei em outros trechos deste livro, foi no Bompreço que vivi o mais longo período de minha carreira de gestor. Era uma empresa familiar, muito dinâmica, inovadora e empenhada em constituir qualidade. Essa saga teve início em 1935, com a mercearia de Pedro Paes Mendonça, na localidade de Serra do Machado, no município de Ribeirópolis, no interior de Sergipe. Foi ali que nasceu, em 1938, João Carlos, o primeiro filho de Pedro e Maria.

Na lida diária, desde criança, ele descobriu os segredos do varejo. O negócio era pequeno, mas com um sortimento que atendia às demandas dos habitantes do povoado. Foi um laboratório espetacular. Em uma madrugada, por exemplo, a padaria da família foi visitada por Virgulino Ferreira, o lendário Lampião, e seu bando. Comeram quase todo o estoque, e o líder do grupo insistiu em pagar. Por prudência, os donos não aceitaram. Tiveram um problema de caixa, mas nunca foram aborrecidos pelos cangaceiros.[68] [69]

João Carlos descobriu o que vendia e o que não vendia. Aprendeu também que algumas coisas eram comercializadas raramente, mas

---

[68] Mendonça, Mamede Paes, A história em depoimentos: Mamede Paes Mendonça; apresentação Raymundo Paiva Dantas — Salvador: Press Color, 2014.

[69] Helio, Mario, João Carlos Paes Mendonça: Vida Idéias e Negócios, Recife, Ed. Ática. 2004.

garantiam a fidelidade do cliente. Era o tal biscoito duro que não saía muito, mas que atraía o sitiante Severino, que também levava farinha, feijão, arroz e doces enlatados.

Com Pedro, o pequeno João Carlos aprendeu a antecipar e satisfazer expectativas da freguesia. Deu certo! O negócio prosperou e gerou uma base de conhecimento para que a família alçasse voos ainda mais altos. Em 1965, já bem estabelecido em Sergipe, João Carlos ousou mais uma vez. Mudou-se para o Recife, onde, no ano seguinte, inaugurou o primeiro supermercado com a marca Bompreço.

Na década seguinte, a rede aprimorou suas operações, avançou tecnologicamente, constituiu formas inovadoras de pagamento, consolidou a boa reputação, auferiu lucros expressivos e abriu lojas em outros Estados da região. Foi quando se cunhou o famoso mote de *marketing*: "orgulho de ser nordestino".

Entre 1977 e 1986, João Carlos foi presidente da Associação Brasileira de Supermercados (ABRAS), cargo no qual se destacou como líder setorial e disseminador de boas práticas de gestão e inovação. Em 1983, consultou um amigo sobre a possibilidade de escalar um guru do varejo, Michael (Mike) J. O'Connor, como palestrante na convenção anual da entidade. As tratativas surtiram resultado e o especialista pôde expor sua visão aos empresários reunidos no Riocentro, em Jacarepaguá, no Rio de Janeiro.

Antes de comentar o conteúdo da famosa preleção, convém contar um tantinho sobre esse ilustre visitante. A contribuição de O'Connor tinha sido de fundamental importância na criação do Food Marketing Institute (FMI), uma organização norte-americana destinada a aprimorar o setor de alimentação, trabalhando nas áreas de qualidade, segurança, educação e pesquisa.[70]

---

[70] Food Marketing Industry Statement on The Life of Michael J. O'Connor, 1919-2006, https://www.fmi.org/newsroom/news-archive/view/2006/03/10/food-marketing-industry-statement-on-the-life-of-michael-j.-o-connor-1919-2006, acesso em 09/01/2022.

EMPRESAS FAMILIARES

O que ele fez não é pouca coisa. Se hoje você vai a um supermercado e encontra a coisa certa, no lugar certo, devidamente embalada e conservada, muito deve aos estudos de O'Connor. Ao liderar as pesquisas para o desenvolvimento do setor, ele se empenhou em compartilhar conhecimentos estratégicos com associações supermercadistas de todo o mundo, especializando-se na distribuição de alimentos.

Ciente do caráter social de seu trabalho, importante no abastecimento urbano, O'Connor virou um professor itinerante, viajando pelo mundo todo, dos Estados Unidos à Europa, da América Latina à Ásia. Foi também o profissional que se destacou na difusão da ideia dos supermercados no Leste Europeu, de forma especial no período que sucedeu a queda da Cortina de Ferro. Para ele, os bons supermercados podiam vender em escala, praticar preços acessíveis e, ao mesmo tempo, garantir a oferta de produtos capazes de elevar a qualidade de vida das populações urbanas.

Durante a palestra, alinhavam-se na primeira fila da plateia os *big shots* do setor, como Abilio Diniz, do Grupo Pão de Açúcar (São Paulo), Arthur Sendas, da organização que levava seu sobrenome (Rio de Janeiro), Climério Veloso, da Casas da Banha (Rio de Janeiro), Roberto Demeterco, do Mercadorama (Paraná), João Alves Veríssimo, do Eldorado (São Paulo), Mamede Paes Mendonça, do Paes Mendonça (Bahia) e João Carlos Paes Mendonça, do Bompreço (Pernambuco), dentre outros.

Em dado momento, com semblante grave, O'Connor mirou os empresários e disparou: "lamento informar que, em duas décadas, restarão poucas das 20 maiores empresas supermercadistas do Brasil". Nesse momento, ele envenenou o fígado dos empresários ali reunidos, que esperavam apenas boas previsões. E justificou-se:

"Não estou fazendo aqui nenhuma profecia. Apenas digo que vai ocorrer aqui aquilo que já ocorreu nos Estados Unidos. Das 20 maiores empresas de supermercado que operavam no meu país, na passagem dos anos 1960 para os 1970, restam hoje apenas duas."

Mas qual era a causa do fenômeno? Primeiramente, a marcha inevitável de fusões e aquisições, marca do sistema capitalista. Normalmente, nos mais diversos setores, o ciclo se inicia pela criação de um modelo de negócio, comumente disruptivo. Seguem-se a reprodução da fórmula, a multiplicação de concorrentes, a pulverização e, depois, a depuração e a concentração. É quando, na volta do círculo, se lança o desafio de uma mudança de paradigma.

Em segundo lugar, o crescimento do setor exigiu uma série de aprimoramentos no campo da gestão. E poucas corporações foram capazes de implementá-los no *timing* das transformações determinadas pelo mercado. Cabe dizer que a maior parte dessas empresas do varejo tinha origem familiar, e poucas tiveram êxito na condução de processos sucessórios que aliassem tradição e modernização.

O tempo mostrou que O'Connor tinha razão. Quando da produção deste livro, em 2024, das 20 maiores empresas supermercadistas das décadas de 1980 e 1990, apenas uma permanecia sob o controle da família fundadora: a Zaffari, originária de Porto Alegre, no Rio Grande do Sul. Todas as outras tinham sido vendidas ou passaram a compor outras redes ou simplesmente baixaram as portas.

RANKING NACIONAL DAS MAIORES REDES SUPERMERCADISTAS 2024

ranking 2024 |

RANKING ABRAS 2024

Classificação 2024	2023	Empresa	UF	Faturamento bruto em 2023 (R$)	Número de lojas
1	1	CARREFOUR COMÉRCIO E INDÚSTRIA LTDA.	SP	115.458.000.000	1.188
2	2	ASSAÍ ATACADISTA	SP	72.785.000.000	288
3	3	MATEUS SUPERMERCADOS S.A.	MA	30.245.569.000	258
4	4	GPA	SP	20.617.000.000	695
5	5	SUPERMERCADOS BH COMÉRCIO DE ALIMENTOS S.A.	MG	17.388.297.482	307
		Total 5 Maiores		256.493.866.482	2.736
6	6	IRMÃOS MUFFATO & CIA. LTDA.	PR	15.658.436.442	104
7	7	GRUPO PEREIRA	SP	13.196.102.780	87
8	8	CENCOSUD BRASIL COMERCIAL LTDA.	SP	11.180.952.960	234
9	9	MART MINAS ATACADO E VAREJO & DOM ATACADISTA	MG	9.436.803.936	81
10	13	KOCH HIPERMERCADO S.A.	SC	7.996.860.000	64
		Total 10 Maiores		313.963.022.600	3.306
11	10	DMA DISTRIBUIDORA S.A.	MG	7.994.196.464	149
12	11	COMPANHIA ZAFFARI COMÉRCIO E INDÚSTRIA	RS	7.660.000.000	40
13	12	TENDA ATACADO S.A.	SP	6.971.526.404	43
14	14	GRUPO JC/COSTA ATACADÃO	DF	6.807.741.023	14
15	16	SAVEGNAGO SUPERMERCADOS LTDA.	SP	6.092.335.054	71
16	17	SONDA SUPERMERCADOS EXPORTAÇÃO E IMPORTAÇÃO S.A.	SP	5.159.283.793	45
17	18	ATACADÃO DIA A DIA S.A.	DF	5.102.663.114	26
18	15	DIA BRASIL SOCIEDADE LTDA.	SP	4.870.715.105	590
19	21	PLURIX	SP	4.708.542.000	98
20	19	LÍDER COMÉRCIO E INDÚSTRIA LTDA.	PA	4.644.379.929	29
		Total 20 Maiores		373.974.405.486	4.411

RANKING NACIONAL DAS MAIORES REDES SUPERMERCADISTAS

	1980	1990	2000	2010	2020
1	GRUPO PÃO DE AÇUCAR	CARREFOUR COMÉRCIO E INDÚSTRIA LTDA	COMPANHIA BRASILEIRA DE DISTRIBUIÇÃO	COMPANHIA BRASILEIRA DE DISTRIBUIÇÃO	CARREFOUR COMÉRCIO E INDÚSTRIA LTDA.
2	CASAS DA BANHA COMÉRCIO E INDÚSTRIA	COMPANHIA BRASILEIRA DE DISTRIBUIÇÃO	CARREFOUR COMÉRCIO E INDÚSTRIA LTDA	CARREFOUR COMÉRCIO E INDÚSTRIA LTDA	ASSAÍ ATACADISTA
3	CASAS SENDAS	PAES MENDONÇA	BOMPREÇO S/A SUPERMERCADOS DO NORDESTE	WAL-MART BRASIL LTDA	GRUPO PÃO DE AÇUCAR
4	BOMPREÇO SUPERMERCADO DO NORDESTE	CASAS SENDAS	SONAE DISTRIBUIÇÃO BRASIL S/A	G. BARBOSA COMERCIAL LTDA	MATEUS SUPERMERCADO S.A.
5	PAES MENDONÇA	BOMPREÇO SUPERMERCADO DO NORDESTE	CASAS SENDAS COMÉRCIO E INDÚSTRIA S/A	COMPANHIA ZAFFARI COMÉRCIO E INDÚSTRIA	CENCOSUD BRASIL COMERCIAL LTDM
6	DISTRIBUIDORA DE COMESTÍVEIS DISCO S.A	CASAS DA BANHA COMÉRCIO E INDÚSTRIA	WAL-MART BRASIL LTDA	PREZUNIC COMERCIAL LTDA	IRMÃOS MUTATO & CIA. LTDA.
7	SUPERMERCADO MORITA	SUPERMERCADO ELDORADO	JERONIMO MARTINS/SÉ SUPERMERCADOS	DMA DISTRIBUIDORA S/A	SUPERMERCADOS BH COMÉRCIO DE ALIMENTOS S.A.
8	CIA REAL DE DISTRIBUIÇÃO	CIA REAL DE DISTRIBUIÇÃO	CIA ZAFFARI COMÉRCIO E INDÚSTRIA	IRMÃOS MUFFATO & CIA LTDA	SDB COMÉRCIO DE ALIMENTOS LTDA.
9	SUPERMERCADO ELDORADO	COM. GENTIL MOREIRA	G. BARBOSA & CIA LTDA	A ANGELONI CIA LTDA	COMPANHIA ZAFFARI COMÉRCIO E INDÚSTRIA
10	COMPANHIA ZAFFARI	SUPERMERCADO BARATEIRO	COOP COOPERATIVA DE CONSUMO	CONDOR SUPER CENTER LTDA	DMA DISTRIBUIDORA S.A.
11	SUPERMERCADO SÉ	COMPANHIA ZAFFARI	A. ANGELONI & CIA LTDA	SONDA SUPERMERCADOS EXP. E IMP. S.A	MART MINAS DISTRIBUI Io LTDA.
12	SUPERMERCADO BARATEIRO	CDA - COMPANHIA DOSUL DE ABASTECIMENTO	IRMÃOS BRETAS FILHOS E CIA LTDA	SUPERMERCADOS BH COM. DE ALIM. LTDA	SONDA SUPERMERCADO EXP. IMB S.A.
13	CASAS ALO BRASIL	NACIONAL CENTRAL DIST. DE ALIM LTDA	LIDER SUPERMERCADOS E MAGAZINE LTDA	COOP - COOPERATIVA DE CONSUMO	SAVEGNAGO SUPERMERCADOS LTDA.
14	DO SUL ZAFFARIA S.A	GRUPO RHODIA	ABC SUPERMERCADOS S/A	Y.YAMADA S/A - COMÉRCIO E INDÚSTRIA	LIDER COMERCIO E INDÚSTRIA LTDA.
15	SUPERMERCADO UNIMAR	SUPERMERCADO SÉ	SONDA SUPERMERCADOS EXP. E IMP. LTDA	SDB COMÉRCIO DE ALIMENTOS LTDA	COMERCIAL ZARAGOZA IMP. EXP. LTDA.
16	SUPERMERCADOS DIAS PASTORINHO	SESI SERVIÇO SOCIAL DA INDÚSTRIA	DMA DISTRIBUIDORA LTDA	LIDER SUPERMERCADOS E MAGAZINE LTDA	KOCH HIPERMERCADO S.A.
17	SUPERMERCADO LEÃO	PERALTA COM. IMP. LTDA	CONDOR SUPERMERCADOS LTDA	SAVEGNAGO-SUPERMERCADOS LTDA	SUPERMERCADO BAHAMAS S.A.
18	BAZAR 13	RAINHA SUPERMERCADOS LTDA	EMPRESA BAIANA DE ALIMENTOS S/A - EBAL	SUPER MERCADO ZONA SUL S/A	COMPANHIA SULAMERICANA DE DISTRIBUIÇÃO
19	EPA	DEMETRICO & CIA	SUPERMERCADOS VITÓRIA LTDA	CARVALHO E FERNANDES LTDA	A. ANGELONI E CIA. LTDA.
20	ABASTECEDORA BRASILEIRA DE CEREAIS	FREEWAY EMPREENDIMENTOS LTDA	Y.YAMADA S/A COM. E IND.	GIASSI & CIA.LTDA	MULTI FORMATO DISTRIBUIDORA S.A.

Nos anos 1980, por exemplo, a Casas da Banha, fundada em 1955, com base no Rio de Janeiro, chegou a ter 230 lojas e empregar 18 mil pessoas. A empresa patrocinava o programa televisivo Cassino do Chacrinha, animador que costumava atirar brindes alimentícios sobre o auditório, como peças de bacalhau. A empresa teve falência decretada em 1999.[71]

O concorrente Disco, fundado em 1952, também no Rio, foi vendido para o Grupo Paes Mendonça em 1990. Os Supermercados Real, surgidos em Pelotas (RS), em 1936, tiveram 100% de suas ações adquiridas pelo grupo português Sonae em 1997.[72]

Em 1960, o Armazém Trasmontano, criado em 1924 pelo português Manoel Antônio Sendas, em São João de Meriti, no Rio de Janeiro, virou a Casas Sendas, comandada pelo filho Arthur Sendas. A rede supermercadista cresceu e se consolidou nas décadas seguintes. Em 2004, no entanto, foi incorporada pelo Pão de Açúcar.[73]

E este último? Teve início em 1948 com a doceria fundada por Valentim Diniz. Em 1959, foi fundado o primeiro supermercado da rede, na Avenida Brigadeiro Luís Antonio, em São Paulo, uma novidade para a população paulistana. A rede se expandiu sob a liderança do herdeiro Abilio, que, em 1968, seria um dos fundadores da Associação Brasileira de Supermercados. Entusiasmado pelo que vira na rede Carrefour, na França, o empreendedor lançou, em 1971, a bandeira Jumbo, pioneira no setor de hipermercados.

O Pão de Açúcar inovou e ensinou. Foi a primeira rede do setor a estabelecer uma loja dentro de um *shopping center*, o Iguatemi, na Zona Sul de São Paulo. Também foi vanguarda ao ter unidades

---

[71] A queda de um gigante: falência da rede Casas da Banha completa 20 anos (27/11/2019), Vida de Empresa, https://vidadeempresa.com.br/2019/11/27/a-queda-de-um-gigante-falencia-da-rede-casas-da-banha-completa-20-anos/, acesso em 02/01/2022.

[72] Wal-Mart compra rede brasileira do Sonae por R$ 1,73 bilhão (10/10/2010), Exame, https://exame.com/negocios/n0079654/, acesso em 03/01/2022.

[73] Arthur Sendas construiu sua rede de supermercados a partir de um armazém (20/10/2008), atualizado em 14/12/2010, Extra, Globo, https://extra.globo.com/noticias/rio/arthur-sendas-construiu-sua-rede-de-supermercados-partir-de-um-armazem-595040.html, acesso em 01/01/2022.

EMPRESAS FAMILIARES

funcionando 24 horas por dia e ao controlar suas operações por meio de um centro de processamento de dados próprio.

Abilio decidiu, então, viver outras experiências, atuando, por exemplo, no Conselho Monetário Nacional. No fim da década de 1980, no entanto, atendeu a um chamado do pai para corrigir os rumos do Pão de Açúcar, que se encontrava em dificuldades. Seu primeiro plano de recuperação encontrou como obstáculo o controverso Plano Collor. Com o caixa vazio, o Pão de Açúcar esteve próximo da falência, como outras empresas do setor.

Nessa situação, Abilio foi obrigado a cortar pessoal, vender imóveis e reduzir o número de lojas da rede. Dessa forma, foi capaz de vencer a crise e reestruturar a companhia. Em 1992, no entanto, divergências familiares ameaçaram novamente a empresa. Um acordo foi fechado no fim do ano seguinte. Abilio se tornou sócio majoritário do grupo. Os pais e a irmã Lucília se tornaram sócios minoritários, enquanto os outros irmãos venderam suas quotas de participação.

Dois anos depois, a empresa abriu seu capital. Em 1997, começou a negociar suas ações da Bolsa de Nova York. Em 1999, novamente enfrentando dificuldades financeiras, o grupo recorreu aos franceses do Casino, que adquiriram um quarto de suas ações. Em 2005, o controle da rede passou a ser compartilhado com essa multinacional. Em 2009, a empresa comprou a rede Ponto Frio à qual fundiu, no ano seguinte, a Casas Bahia, da família Klein, formando a Via Varejo.

Em 2011, Diniz propôs uma fusão com o principal rival do Casino, o Carrefour, também com sede na França. Irritados, seus parceiros vetaram o negócio e iniciou-se um período de turbulência. No ano seguinte, o Casino assumiu o comando da corporação ao comprar um milhão de ações da Wilkes Participações. Transferiram-se, assim, os poderes da família Diniz para os parceiros franceses.

Em 2013, Abilio Diniz assinou um acordo com Jean-Charles Naouri, presidente do conselho do Casino, e deixou a presidência do conselho de administração do Grupo Pão de Açúcar (GPA), encerrando sua história na empresa.

Marcelo Silva

A família Diniz continuou sua atuação corporativa por meio da Península Participações, criada em 2006 pelo próprio Abilio, com o objetivo de gerir ativos familiares por meio de veículos de investimentos privados, atuando especialmente em negócios estratégicos, *private equity, real estate* e *asset management.*

A Península constituiu participação acionária no Carrefour Brasil, no Carrefour Global e na BRF, como investidor minoritário influente. Também adquiriu participação em empresas dos setores de educação, consumo e varejo, além de estabelecer um portfólio de imóveis alugados em contratos de longo prazo. Por último, passou a trabalhar com gestão de liquidez e risco de ativos proprietários.

Em 2018, Abilio elevou seu direito de voto no Carrefour S.A. (mundo) de 10,15% para 11,93%, mesmo mantendo 7,76% do capital da companhia. De acordo com a Autorité des Marchés Financiers (AMF), a comissão de valores da França, o incremento da participação se deu por meio de investimentos da Stanhore International Trading, uma empresa da família Diniz com sede em Portugal.

Quando faleceu, em fevereiro de 2024, aos 87 anos, era dono de uma grande fortuna, fazia *podcasts* sobre longevidade e bem-estar, geria boa parte dos ativos da família e ainda se colocava como uma referência nacional na *expertise* aplicada ao desenvolvimento de negócios estratégicos.[74][75]

Outras empresas de varejo também seguiram a mesma sina, alternando períodos de desenvolvimento e períodos de crise. Vejamos alguns exemplos.

O Mappin foi uma referência de bom gosto e boas compras na Capital paulista. Começou em 1913, na Rua 15 de Novembro, no Centro da cidade, como um empreendimento dos irmãos Walter e Herbert Mappin, associados a outro empreendedor inglês, John Kitching. Em

---

[74] Página pessoal. http://abiliodiniz.com.br/biografia/, acesso em 13/01/2022.

[75] Sequestro, briga familiar, futebol, barcos, prejuízo: a vida de Abilio Diniz, UOL (14/03/2018), https://economia.uol.com.br/noticias/redacao/2018/03/14/abilio-diniz-empresario-curiosidades.htm, acesso em 13/01/2022.

EMPRESAS FAMILIARES

seus primeiros anos, a casa era de requinte admirável, seguindo o padrão das lojas de departamentos londrinas. Os clientes eram recebidos por um porteiro e conduzidos por uma recepcionista até uma sala especial, onde outros funcionários exibiam as mercadorias pretendidas. Chá e biscoitos eram oferecidos a esses nobres consumidores.

A estratégia de vendas da loja se modificou ao longo do tempo, mas teve como principal referência a quebra da Bolsa de Nova York, em 1929. Depois desse episódio de impacto global, a empresa decidiu inovar para sobreviver. Criou um sistema pioneiro de vendas a crédito e passou a etiquetar os preços dos produtos expostos na vitrine.

Sua famosa sede, na Praça Ramos de Azevedo, em frente ao Teatro Municipal, foi inaugurada em 1939. Em 1950, o controle acionário do grupo foi obtido por Alberto Alves Filho, advogado e negociador de café. A família tornou a loja ainda mais acessível. Retirou as portas giratórias e os tapetes verdes do piso térreo. Nas décadas de 1960 e 1970, o Mappin tinha promoções que enchiam seus amplos salões em datas como o Dia das Mães e o Dia dos Namorados. A loja abria às oito da manhã e só fechava à meia-noite, recebendo 60 mil pessoas durante a semana e 200 mil aos sábados.

Alberto Alves Filho faleceu em 1982, aos 69 anos. A viúva, Sônia Cosette Domit Alves, nomeou, então, como gestor da companhia o economista Carlos Antônio Rocca. A princípio, o negócio se expandiu, com a inauguração de novas lojas e a compra de pontos de venda da extinta Sears.

Na década de 1990, no entanto, o grupo passou a sofrer com a concorrência dos hipermercados e com a chegada de *players* internacionais. Em 1995, a empresa comunicou o maior prejuízo de sua história, de R$ 19,46 milhões. No ano seguinte, Cosette Alves acertou a venda da companhia para o empresário Ricardo Mansur, que pretendia explorar o modelo de franquias e, em dois anos, abrir 40 lojas da rede pelo país. Em 1999, no entanto, o Mappin foi à falência, devendo à praça cerca de R$ 1,2 bilhão. Naufragou abraçado a uma concorrente.[76]

---

[76] Há 100 anos, Mappin abria a primeira loja, Acervo do jornal O Estado de S. Paulo (28/11/2013), https://acervo.estadao.com.br/noticias/acervo,ha-100-anos-mappin-abria-a-primeira-loja,9402,0.htm, acesso em 02/01/2022.

Marcelo Silva

Fundada em 1912, no Rio de Janeiro, como uma filial da francesa Mestre & Blatgé, a Mesbla surgiu especializada na venda de acessórios para veículos. Em 1916, passou a ser dirigida por Louis La Saigne, que diversificou seu catálogo de produtos e a transformou em uma empresa autônoma em 1924. Este incansável homem de negócios faleceu em 1961. Foram eleitos para a presidência e vice-presidência, respectivamente, Silvano Santos Cardoso e Henrique de Botton, funcionário destacado da empresa desde a década de 1930 e marido de Jaqueline, a mais velha das quatro filhas de La Saigne.

Em 1968, Cardoso morreu e Henrique assumiu a liderança da companhia, tratando de manter o processo de expansão da rede. Na década de 1980, eram 180 lojas e cerca de 28 mil funcionários. No comando, despontava também a terceira geração da família, representada por André de Botton, cognominado o "rei do varejo", filho mais velho de Henrique. No setor, era a única empresa de presença nacional. Vendia de agulhas e roupas a automóveis e barcos. Nessa época, a companhia reformulou seus pontos de venda, redefiniu o padrão de atendimento e renovou seu *marketing*. Em 1986, a edição *Maiores & Melhores* da revista *Exame* a classificou como a melhor empresa do Brasil.

Os planos econômicos governamentais, problemas na governança e a concorrência de outros varejistas, porém, acabaram por fragilizar a empresa. Em 1997, devia mais de um R$ 1 bilhão e pediu concordata. Seu controle acionário foi adquirido pelo empresário Ricardo Mansur, que nove meses antes comprara o Mappin. Sua ideia era fundir as duas empresas, saneá-las e vendê-las.

Faltava, no entanto, dinheiro em caixa e crédito para um processo de retomada da atividade. Em 1999, o novo proprietário não foi capaz de pagar parcelas do empréstimo concedido pelo banco Bradesco e decretou-se a falência da empresa. Acusado de cometer crimes de gestão fraudulenta em duas de suas companhias, Mansur foi condenado a 11 anos e seis meses de prisão, em 2011.[77]

---

[77] *Site* Mesbla, Blogspot (2007), http://mesbla.blogspot.com/2007/08/histria.html, acesso em 14/01/2022.

EMPRESAS FAMILIARES

Na análise da acadêmica Betania Tanure, a empresa havia aprendido a enxugar, reestruturar e reorganizar, mas não a crescer. Havia reduzido custos, controlado orçamentos e melhorado a produtividade, mas não tivera energia ou coragem para criar ou aproveitar novas oportunidades. O resultado foi que a empresa se perdeu em uma espiral negativa. Cada redução de custo levava a uma melhoria temporária, que na sequência exigia mais reduções de custos. Ou seja, foco excessivo no *bottom line*; insuficiente no *top line*.[78]

A Arapuã surgiu em Lins, no interior paulista, em 1957, criada por Jorge Wilson Simeira Jacob, herdeiro da loja de tecidos Nossa Senhora Aparecida. A empresa, mais tarde, passou a trabalhar com o varejo de eletrodomésticos, setor no qual se desenvolveu. Na década de 1990, era uma das maiores do ramo.

A empresa quebrou em 1998, seguindo um roteiro parecido com aquele de outras concorrentes, com o caixa esvaziado, sobretudo, pela redução no consumo e pela onda de inadimplência que varreu o país no fim daquela década. Pediu concordata quando devia cerca de R$ 1 bilhão. Pendurada em dívidas não honradas, a empresa conseguiu sobreviver modestamente, dedicada ao comércio de roupas de padrão popular.

Em 2017, Renato Simeira Jacob, filho de Jorge e último CEO antes do fechamento, ensaiava uma volta aos mercados, ao participar do processo de expansão da empresa Beba Rio, voltada para a produção de chás e água de coco.

Em julho de 2020, o STJ negou um pedido de recuperação judicial formulado pela empresa e decretou, pela segunda vez, a falência da companhia.[79][80]

---

[78] Barros, Betania; Sumantra, Ghoshal (2004), Estratégia e Gestão Empresarial: Construindo Empresas Brasileiras de Sucesso, Elsevier Brasil.

[79] O dono da Arapuã quer voltar aos negócios, Istoé Dinheiro, André Jankavski (07/04/2017), https://www.istoedinheiro.com.br/o-dono-da-arapua-quer-voltar-aos-negocios/, acesso em 14/01/2022.

[80] STJ determina, pela segunda vez, falência das Lojas Arapuã, Folha de S. Paulo (02/07/2020), https://www1.folha.uol.com.br/mercado/2020/07/stj-determina-pela-segunda-vez-falencia-das-lojas-arapua.shtml?origin=uol, acesso em 14/01/2022.

Marcelo Silva

Outra empresa que sucumbiu naquele período foi a G. Aronson, do imigrante lituano Girz Aronson, que iniciou suas atividades em 1945, comercializando casacos de pele. Em 1962, seu negócio passou a vender eletrodomésticos e, aos poucos, se desenvolveu, escorado no mote "o inimigo número 1 dos preços altos". O empreendedor era o típico *founder* que adorava cuidar de seu negócio, atendendo os clientes com uma caderneta na mão. A empresa baixou as portas em 1999. Aronson, porém, não se deu por vencido. No ano seguinte, com 83 anos, associou-se às filhas e montou uma loja de utilidades para o lar, na tradicional Avenida Brigadeiro Luís Antônio, na Capital paulista. Girz Aronson faleceu em 2008, aos 91 anos.[81]

A Hermes Macedo teve origem em Curitiba, no Paraná, em 1932, de um sonho empreendedor dos irmãos Hermes e Astrogildo, atuando na área de autopeças. Anos depois, em uma segunda loja, passaram a comercializar bicicletas e eletrodomésticos. Na década de 1940, foram abertas filiais em Londrina e Maringá. Em 1957, inaugurou-se a grande loja da Capital paulista, na Avenida São João. A rede diversificou seu portfólio de produtos, oferecendo de artigos de cama, mesa e banho a fogões e geladeiras.

A empresa investiu também em concessionárias de veículos e centros automotivos. Foi uma das maiores do ramo na década de 1980, chegando a ter 285 lojas. Na década seguinte, a empresa viveu calvário semelhante àquele de suas concorrentes. Para o declínio, contribuíram os conflitos familiares que se seguiram ao falecimento da esposa de Hermes Farias de Macedo. A empresa pediu concordata em 1995 e teve decretada sua falência em 1997.[82]

---

[81] Morre em São Paulo o empresário Girz Aronson, o Estado de S. Paulo (20/06/2008), https://www.estadao.com.br/noticias/geral,morre-em-sao-paulo-o-empresario-girz-aronson , acesso em 13/01/2022.

[82] QUADROS, Itanel, Universidade Federal do Paraná, Pneu carecou H M trocou: uma trajetória do varejo no Paraná, VIII Encontro Nacional de História da Mídia, 2011.

EMPRESAS FAMILIARES

Em 2024, das grandes empresas varejistas de origem familiar, restavam:

- o Magazine Luiza, fundado em 1957, em Franca (SP);
- a Lojas Cem, que iniciou atividades em 1952, com Remígio Dalla Vecchia, em Salto (SP);
- a Lojas Colombo, criada em 1959 por Adelino Raymundo Colombo e Dionysio Balthasar Maggion, em Farroupilha (RS). Em 2021, Adelino faleceu e a empresa seguiu sob o comando de seu neto, Eduardo Colombo;
- a Riachuelo, fundada em 1947 por Nevaldo Rocha e seu irmão Newton, em Natal (RN);
- a Pernambucanas, empresa fundada em 1908, no Recife, pelo sueco Herman Theodor Lundgren, que, depois de um longo conflito societário, seguia sob o controle da família, em sua quarta e quinta geração.

Portanto, o vaticínio de Mike O'Connor se confirmou. Segundo estudos diversos, cerca de 30% das empresas de origem familiar de qualquer atividade, em qualquer lugar do mundo, chegam à segunda geração. Cerca de 12%, apenas, chegam à terceira geração.

Como o Bompreço superou a crise

Conforme vimos acima, as reviravoltas da economia nos anos 1990 prejudicaram demais o setor. Em 1994, o Bompreço precisava de recursos. Então, tentamos lançar Eurobonds, que são obrigações de renda fixa emitidas por uma empresa, por uma instituição financeira ou por um governo. Quem o emite se obriga a pagar juros em intervalos pré-estabelecidos e, em outro momento, o valor principal do bônus. Nessa modalidade, são títulos de dívida que têm como referência uma moeda distinta daquela do país em

Marcelo Silva

que são emitidos. Aí, veio a crise do México, naquele mesmo ano, e abortamos o projeto.

No ano seguinte, chegamos à conclusão de que poderíamos suprir a demanda de *funding* agregando um sócio à empresa. Nossa ideia era recorrer a um *private equity*, como todo mundo fazia. E quem João Carlos chamou para nos orientar? Ninguém menos que Mike O'Connor, que desembarcou no Recife cheio de vitalidade, já aos 76 anos de idade. Do alto de sua experiência, teve a seguinte conversa com João Carlos Paes Mendonça.

— Olha, João, se você trouxer um sócio financeiro, não fale mais comigo sobre *business*.

— Mas por que, Mike? — retrucou o empresário. — Qual é o problema?

— Porque o *mindset* dos *financial guys* não tem nada a ver com o *mindset* dos *retail guys*.

— Explique melhor — pediu João Carlos.

— Porque os *financial guys* só querem saber de EBITDA (*Earnings Before Interest, Taxes, Depreciation and Amortization*) e *net income* (lucro líquido). Já os varejistas querem, antes de tudo, vender e satisfazer seus clientes. Se você optar pelos *financials*, vai mudar o *mindset* da sua empresa. Vai ser tão cobrado por resultados que acabará prejudicando sua relação com os colaboradores e os clientes.

— E o que fazer?

— Podemos conversar se você quiser um sócio estratégico, ou seja, um parceiro que atue no mesmo ramo de atividade.

Depois desse diálogo, passamos a cogitar um acordo com a holandesa Royal Ahold, efetivado em 1996. Em 2000, os estrangeiros assumiriam o controle total da empresa. A princípio, esses sócios pareciam preservar a mentalidade própria das empresas de varejo. Depois, no entanto, focaram no crescimento desenfreado e adotaram um *financial mindset*. Passaram a pensar demais no EBITDA, a agir com ênfase no *bottom line*. Esse comportamento acabou com a identidade do Bompreço, tão duramente construída em décadas de trabalho.

EMPRESAS FAMILIARES

A ambição por expansão global da Royal Ahold foi detida pelo anúncio, em 2003, de irregularidades contábeis em subsidiárias da empresa, como a US Foodservice, dos Estados Unidos, e a Disco, da Argentina. Em reação às revelações, o preço das ações despencou e sua classificação de crédito foi reduzida a BB+ pela Standard & Poor's.

Investigações realizadas na Holanda e nos Estados Unidos, nos três anos seguintes, encontraram fraudes em diversos procedimentos da Ahold, que foi obrigada a pagar altas multas, teve alguns de seus executivos condenados e viu sua reputação corroída nos mercados. Nesse mergulho na crise, a corporação quase derruba a centenária empresa que se originou dos inovadores negócios de Albert Heijn.[83]

A partir de 2006, a Royal Ahold iniciou um lento e profundo processo de reestruturação, procurando focar novamente no aprimoramento de seu *core business*. Em 2011, ainda visando a recuperar prestígio, lançou seu plano de "varejo remodelado", estabelecido sobre seis pilares: aumentar a fidelidade do cliente, aumentar a oferta, expandir o alcance geográfico, simplificar ações, desenvolver um comércio responsável e valorizar suas equipes de trabalho. Em 2015, estabeleceu um acordo com o Delhaize Group, de origem belga, formando uma nova companhia, a Ahold Delhaize.

---

[83] Royal Ahold Says Fraud Was Worse Than Thought, The New York Times, Gregory Crouch (09/05/2003), https://www.nytimes.com/2003/05/09/business/royal-ahold-says-fraud-was-worse-than-thought.html, acesso em 14/01/2022.

13

CONEXÃO

Quem não se comunica se trumbica

—

Em cursos e palestras, as pessoas costumam me abordar e perguntar: "se tudo é muito bem planejado pelas equipes de administração, por que as coisas nem sempre acontecem na base?". Há diferentes razões para projetos e programas fracassarem. Pode ser a falta de recursos, o desconhecimento do mercado, a falha logística, o despreparo técnico ou simplesmente a escolha da estratégia errada para o negócio. Em boa parte das vezes, no entanto, a razão do insucesso é a comunicação fragmentada ou interrompida.

Há um ditado que foi popularizado pelo pernambucano Abelardo Barbosa, o Chacrinha: "quem não se comunica se trumbica". Projetos espetaculares empacam porque a informação não circula, porque não existe ligação desimpedida entre o emissor e o receptor da mensagem. E esse problema não se restringe às empresas privadas. O setor público também sofre quando não existe comunicação efetiva entre os gestores e executores.

Um dos mais destacados traços das empresas familiares é justamente a comunicação fluida. Por vezes, o pai comunica apenas com um olhar ou gesto. Nem mesmo necessita da palavra falada ou escrita. Atrás de sua escrivaninha, com uma piscadela ou sorriso, ele indica ao filho a melhor maneira de conquistar determinado cliente ou de resolver um problema com um fornecedor.

Marcelo Silva

Essa relação ocorre porque os laços familiares se sustentam justamente em decorrência de uma comunicação intensa, constituída entre casais e entre pais e filhos. As mães enviam mensagens aos bebês ainda não nascidos. O toque, a palavra, a canção entoada. Tudo isso gera ricos significados, que vão sendo decodificados pela nova geração. Os pais comunicam de forma educativa pelo exemplo. Mostram que o trabalho remunera, que o esforço compensa, que a honestidade premia.

Frequentemente, a empresa familiar caminha facilmente nos primeiros anos, porque não são necessários discursos, circulares, memorandos ou vídeos de treinamento. Tudo é facilmente compreendido, intuído e assimilado. Sabe-se o que é produzido, para quem, como e com qual finalidade. O ambiente é reduzido e, comumente, não há segredos entre aqueles que tocam o negócio.

Quando a empresa cresce, no entanto, nela ingressam os profissionais externos que nem sempre absorvem rapidamente a cultura familiar. Além disso, frequentemente têm dificuldade em decifrar os códigos de comunicação do clã proprietário com a necessária celeridade.

Em minha trajetória de CFO e de CEO, basicamente vivida em empresas familiares, percebi que muitos dos problemas corporativos tinham alguma ligação com falhas de comunicação. Se não existe essa troca, por exemplo, uma equipe pode simplesmente insistir no erro porque não foi informada do equívoco, do procedimento inadequado. Comunicar é fundamental para corrigir e aperfeiçoar. A boa troca de informações também auxilia a elevar o moral da tropa depois de pequenos e grandes fracassos.

Quando a empresa é nebulosa ou omissa em sua comunicação, prospera a fofoca. Quem define a "verdade" é a chamada rádio peão. É inevitável que ela exista. Mas seu papel pode ser reduzido se a comunicação da empresa for clara, transparente, honesta e efetiva. Quando tudo está dito, explicado e comprovado, como em uma TV corporativa, sobra menos espaço à difusão do boato. Funciona ainda melhor quando essa comunicação direta é feita em tempo real. Como diz o apresentador Fausto Silva, o Faustão, "quem sabe faz ao vivo".

EMPRESAS FAMILIARES

Outra maneira de comunicar é por meio de convenções — semestrais ou anuais —, quando o contato é direto e são dirimidas todas as dúvidas cultivadas pela comunicação fria da escrita. É difícil mensurar o *return on investment* (ROI) de uma convenção com gerentes. Podem parecer altos os custos de viagem, hospedagem e alimentação das pessoas que vêm de longe. Mas é certo que a efetividade do processo é muito maior. Eles são informados de detalhes das operações ao vivo. São expostos diretamente aos problemas e aprendem sobre as correções possíveis. Ao vivo, é mais fácil expor a crítica, fazer o elogio, divulgar o dado estatístico, motivar, empolgar e inspirar. Conhecemos uns aos outros. Não tem ROI, não tem preço.

Em 2006, transformamos o centro de treinamento da Pernambucanas, no bairro do Campo Limpo, na Capital paulista, em uma universidade corporativa. Fica em um grande terreno, com árvores catalogadas e preservadas. Há um auditório para 600 pessoas e 80 apartamentos que podem acolher cerca de 200 pessoas.

Em minha opinião, quando a empresa comemorou 100 anos em 2008, esta foi sua obra mais significativa. O antigo e degradado centro de treinamento foi revitalizado, reformado e transformado em uma universidade.

Esse projeto ajudou a estreitar laços e a gerar conhecimento. Quando eu entrava em uma loja da rede, já sabia quem tinha e quem não tinha passado pelos cursos da universidade. Como eu sempre fazia os encerramentos, passava uma tarde com os colaboradores. Nos intervalos, conversava, tirava fotos e estabelecia uma comunicação direta com os funcionários. Criava-se intimidade e uma relação de reciprocidade e confiança.

Depois, quando eu entrava em uma loja, esses funcionários me reconheciam e vinham dialogar comigo. Alguns me abraçavam e estreitavam ainda mais a relação, contando de seus problemas, desafios e conquistas no ambiente particular do ponto de venda.

Quando o funcionário completava um ano era enviado à universidade. Passava por um treinamento que chamávamos de DNA, uma sigla para o mote Desenvolvendo Nossas Atitudes. Neste espaço, a gente fazia as nossas convenções com os gerentes.

Mesmo reconhecendo toda a importância da revolução digital, convém destacar a importância desses eventos. As pessoas se conhecem e estabelece-se um entrosamento entre colaboradores de diferentes áreas. Se nós falamos de empresas familiares, esse conceito ganha ainda mais relevância. Quando é que as famílias mais se comunicam? É nos almoços de domingo, nos aniversários, nas ceias de Natal. Nessas ocasiões, olhos encontram outros olhos, ouve-se a voz sem mediação do aparelho eletrônico, os sentimentos são expressos, há riso, há choro, há broncas, há pedidos de desculpas, há abraços que promovem conciliações.

Lógico que, em uma convenção, não precisamos da teatralidade dos encontros familiares, mas esse padrão de intimidade está presente e funciona como elemento agregador de equipes. Por exemplo, o maior contingente de pessoas vem das lojas e dos centros de distribuição. Então, eles conhecem as pessoas com as quais se relacionavam somente por *e-mail* e telefone. Uma coisa é saber que o chefe da expedição é o Mário. Outra coisa é saber que ele tem um largo sorriso, que estudou Administração, que gosta de futebol, que tem dois filhos e está estudando pintura. Depois disso, esse colaborador passa a ser visto e concebido de outra forma por seus pares. Penso que o maior valor desses eventos é a construção de relacionamentos.

Depois de passarem por atividades de uma universidade corporativa ou por uma convenção, as pessoas alteram suas condutas. É como se tivessem passado por um batismo.

No caso da Pernambucanas, por exemplo, essa sede física para os encontros tinha um memorial. O funcionário, então, viajava num túnel do tempo, fisicamente. Via painéis com fotos e assistia a vídeos de antigas propagandas. Ou seja, era uma imersão na história da empresa, aliás, uma empresa de natureza familiar, que tinha seus valores calcados nas ideias do fundador, o sueco Herman Theodor Lundgren.

EMPRESAS FAMILIARES

Um artigo de Nicole Fallon para a *Business News Daily*, publicado em 2014, tenta desvendar a razão do sucesso de milhões de empresas familiares norte-americanas. E as respostas apontam justamente para esse tipo de cultura relacional de diálogo, que contempla o carinho pelas pessoas, tema que explorei mais profundamente em meu segundo livro, *O que a vida me ensinou*.[84]

Em sua pesquisa, Nicole colheu, por exemplo, a opinião de Paul Gentilini, membro da terceira geração de proprietários da Gentilini Motors, uma agência de compra e venda de automóveis de Nova Jersey, fundada em 1955. "Se você toma conta de seus empregados e os trata como membros da família, eles tomarão conta dos seus clientes e os tratarão como membros da família", afirma. Na opinião do empresário, esse é o segredo para crescer e para manter a lucratividade, inclusive nos tempos de vacas magras. Ele declara ainda que essa relação humana, próxima e direta, muda a percepção dos colaboradores acerca de si mesmos. Gentilini acredita que seus funcionários trabalham com mais empenho porque se sentem parte de uma família e não apenas números na planilha de recursos humanos.[85]

Quero frisar que tudo está mudando. E que o físico está sendo incorporado pelo digital. Entendo. Mas creio que nada substitui o contato humano. Ainda hoje, se há um problema grave entre duas nações, mesmo com todos os preparativos dos diplomatas, é preciso o olho no olho dos principais dirigentes. O presidente da China vai aos Estados Unidos e discute com o líder local enquanto jogam golfe. O líder russo, enfrentando uma crise externa, aproveita a reunião do G-20 e passa três horas com o supremo mandatário francês. Então, na busca de soluções definitivas, nada melhor que o *tête-à-tête*.

---

[84] Silva, Marcelo, *O que a vida me ensinou*, São Paulo, Saraiva, 2013.

[85] Originalmente em Nicole Fallon, Focus on Family Is Key to Long-Term Family Business Success, Bus. NEWS DAILY (June 10, 2014), https://www.businessnewsdaily.com/6567-managing-family-business.html. O foco na família é a chave para o sucesso a longo prazo de uma empresa familiar, Business News Daily, Nicole Fallon, 10/06/2014, http://gmenliveshow.ru/6567-managing-family-business.html, acesso em 14/01/2022.

Marcelo Silva

No caso da comunicação interna, cabe ainda destacar uma frase sempre repetida pelo filósofo Mário Sérgio Cortela, encontrada já nos pensamentos de H. Jackson Brown: "elogio em público, críticas no particular".[86] É um conceito que deve ser colocado em prática. Quando um gerente de uma loja ou de um centro de distribuição faz críticas em público a um ou mais funcionários, o efeito é devastador. Se ele acredita que vai resolver o problema, está enganado. Na verdade, vai agravá-lo, porque advertências desse tipo mexem com a autoestima das pessoas.

E, mais uma vez, aproveitamos o ensinamento difundido pelas antigas famílias. Quando tinham problemas com dois dos sete filhos, chamavam em particular somente aqueles que precisavam de uma bronca, de um corretivo, de um apoio ou simplesmente de uma palavra inspiradora. Faziam contato no modo "olhos nos olhos, quero ver o que você diz", conforme ensina a canção de Chico Buarque.

Esta é uma valiosa lição das empresas familiares para o mundo dos negócios. As pessoas precisam conversar de forma transparente, sincera e franca, olho no olho. É tarefa fundamental, sobretudo, dos líderes. O objetivo não é adular o interlocutor, mas estabelecer com ele uma comunicação efetiva, educativa e respeitosa. Por vezes, "é preciso ser duro, mas sem perder a ternura jamais", do original *"Hay que endurecerse, pero sin perder la ternura jamás"*, pensamento atribuído ao polêmico médico e guerrilheiro argentino Che Guevara.

Famílias atuam dessa forma quando são moralmente bem constituídas. Um pai não mancha a reputação de um filho. E um filho não manifesta publicamente, de forma grosseira, suas diferenças em relação a um pai. Famílias se escoram no respeito e na moderação, pois mais importante que as divergências eventuais é o amor que une os membros daquela pequena comunidade.

---

[86] Life's Littler Instruction Book, Editora Thomas Nelson, H. Jackson Brown (2000), https://www.google.com.br/books/edition/The_Complete_Life_s_Little_Instruction_B/ hNjDk75RCD8C?hl=pt-BR&gbpv=1&dq=Life%27s+Little+Instruction+criticize+publ ic&printsec=frontcover, 2009 edition, acesso em 03/01/2022.

EMPRESAS FAMILIARES

As empresas lucram ao copiar esse padrão. Hoje, a crítica em público já é vista e categorizada como assédio moral. Independentemente da lei trabalhista, se o objetivo é obter um resultado positivo, o gestor deve reproduzir a melhor experiência familiar. Deve chamar o colaborador, conversar com ele, agir como um irmão mais velho. Há duas frases determinantes nessas interações: "abra o coração e me diga o que está ocorrendo" e "entendi e estou aqui para te ajudar".

Não é um líder de verdade aquele que se aproveita da conversa para aporrinhar, incriminar, ofender e torturar psicologicamente. Quem age dessa maneira não passa de um chefete. Em geral, pretende estabelecer sua autoridade ao infundir o medo no subordinado. Esse método do feitor era muito comum no passado, quando a imobilidade marcava as trajetórias profissionais. Hoje, bem menos. Se as pessoas não são conquistadas pela educação construtiva, revoltam-se ou retiram-se.

Portanto, há uma comunicação geral que precisa ser muito frequente e atingir todos os níveis da organização. Ela é secundada por outra comunicação mais direta, mais pessoal, de cada líder com cada um de seus comandados.

Há outro detalhe importante. Como dizia o teórico da comunicação Marshall McLuhan, o meio é a mensagem. O que isso quer dizer? Que o sistema e o canal influenciam o que é comunicado e a reação das pessoas ao conteúdo. No caso das empresas, o conceito se aplica claramente à problemática da comunicação interna. Reclamar por *e-mail*, por exemplo, é a pior coisa do mundo.

Neste tipo de crítica por via eletrônica, o interlocutor não conhece seu estado de espírito, porque não ouve sua voz nem vê seu semblante. Portanto, frequentemente se confunde na interpretação dos sinais. Pode dar pouca importância a um assunto vital. Mas pode também reagir indignado, de forma agressiva, a uma simples advertência ou aviso. O processo de comunicação nunca depende totalmente de quem dispara a mensagem. O processo se completa, sempre, na subjetividade de quem a recebe.

Marcelo Silva

Então, sempre digo o seguinte: *e-mail* é um excelente meio de informação, mas não de comunicação. Informar é dizer que a convenção dos gerentes foi transferida do dia 5 para o dia 7. Comunicar é saber do diretor de Belo Horizonte, por exemplo, por qual motivo ele decidiu não liberar seus gerentes para um importante evento de treinamento.

Nessas ocasiões, se você não pode atuar de forma presencial, recorra ao telefone, para que a pessoa, ao menos, ouça seu tom de voz. Dessa forma, o interlocutor saberá se sua mensagem expõe simplesmente uma dúvida ou se apresenta um caráter de advertência, raiva ou decepção.

No caso de empresas familiares, é preciso que o *founder* ou o representante da família seja o emissor das mensagens mais relevantes. Quando Luiza Helena fala, é ouvida. Afinal, é a dona. As pessoas automaticamente compreendem que se trata de uma comunicação importante. O que a "mama" diz ganha relevância e repercussão.

Por isso, ela fala com frequência ao pessoal da sede administrativa, dos centros de distribuição e das centenas de lojas por meio da TV Luiza, um canal corporativo inaugurado pela empresa em 2006, cujo material exclusivo é produzido em um estúdio próprio. "Sempre nos preocupamos em manter um contato próximo com nossos colaboradores, principalmente em razão do crescimento acelerado da empresa", explica Luiza Helena. "A criação da TV foi uma ótima oportunidade de promover o alinhamento da equipe, de forma rápida e humana", avalia.

Quando os compromissos impedem a empresária de se comunicar diretamente pela TV corporativa, as pessoas logo reclamam. Querem vê-la e ouvi-la. Esperam com ansiedade uma indicação do que anda acontecendo, demandam dicas, pedem suas palavras inspiradoras.

Esse papel ela cumpre também nas convenções. Como líder da família, duas vezes por ano, ela se senta lá na frente e ouve as apresentações de cada área. Ficamos ali o tempo todo, interagindo com as pessoas, no exercício da comunicação plena. Essa é uma

EMPRESAS FAMILIARES

demonstração de apreço pelo esforço dos colaboradores. Um filho que chega em casa quer narrar suas peripécias, a boa nota que tirou em matemática, o gol que marcou no futebol de salão, o convite para o baile que ganhou da colega de classe. É importante que seja ouvido. E é conveniente que receba uma resposta, seja uma advertência, uma dica, um incentivo. Em uma empresa viva e dinâmica, repete-se essa exigência.

Como dialogar com quem está fora da empresa

Um dos papas da administração moderna, Peter Drucker, costumava dizer que "a cultura devora a estratégia numa garfada, no café da manhã".[87] Com muita sabedoria, ele ensinava também que a "coisa mais importante da comunicação é ouvir aquilo que não foi dito". De fato, muitas empresas decadentes ou em crise sofrem porque não compreendem as demandas tímidas, discretas ou latentes dos *stakeholders*, especialmente de seus clientes. O sociólogo e jornalista norte-americano William H. Whyte, em uma edição da revista *Forbes* de 1950, completa esta nossa reflexão: "o maior inimigo na comunicação é a ilusão de que ela está sendo estabelecida".[88]

Curiosamente, este é um entrave na construção da harmonia familiar e também na relação de reciprocidade entre as companhias e aqueles cidadãos que consomem seus produtos. Vale lembrar que, sem eles, sem a Dona Maria e o Seu José, não há vendas, não há lucro, o caixa seca e, inevitavelmente, a empresa encerra suas atividades. Essas pessoas precisam ser ouvidas.

---

[87] Why Does Culture 'Eat Strategy for Breakfast', Jacob M. Engel, Forbes (20/11/2018), https://www.forbes.com/sites/forbescoachescouncil/2018/11/20/why-does-culture-eat-strategy-for-breakfast/?sh=650079f61e09, acesso em 28/12/2021.

[88] Beating the greatest enemy of communication, Margarida Afonso, Medium (02/06/2020), https://margarida-maria-afonso.medium.com/beating-the-greatest-enemy-of-communication-10bf61dffb5a, acesso em 07/01/2022.

Marcelo Silva

Acabou-se o tempo da passividade e do conformismo do outro lado do balcão. Nos dias de hoje, quem compra tem muito mais poder. Pode sugerir, exigir, reclamar e até denunciar, especialmente por meio dos canais digitais. Essas plateias pensantes, falantes e atuantes funcionam como efetivas influenciadoras dos grupos de consumo e alteram a própria estrutura dos mercados.

Nos anos 1990, nos Estados Unidos, o McDonald's, por exemplo, recebeu severas críticas em razão do caso de Stella Liebeck, uma senhora de 79 anos que sofreu queimaduras de terceiro grau ao derramar sobre as pernas o café adquirido em uma loja da rede. A imprensa cobriu amplamente o episódio. Arranhou-se, assim, a imagem da rede de *fast-food*, que foi conduzida ao banco dos réus no Novo México. Comunicando sua indignação à sociedade, Stella levou diversas empresas do ramo, como Starbucks, Dunkin' Donuts e Burger King, a aprimorar procedimentos operacionais e a elevar a qualidade da comunicação nos pontos de venda.

Estimulados pela anciã, outros consumidores resolveram buscar a justiça em casos semelhantes. Frequentemente, essa ocorrência é lembrada pela mídia, em reportagens e até em programas satíricos e humorísticos. Em 2011, a HBO produziu um documentário sobre o tema, com o título *Hot Coffee*. Dois anos depois, o jornal *The New York Times* publicou um vídeo sobre o caso e seu profundo impacto nos debates sobre direitos do consumidor. Milhões de pessoas assistiram à reportagem no YouTube.[89]

Em junho de 2005, a advogada austríaca Friederike Wallentin-Hermann foi vítima de um longo atraso em um voo da Alitalia que a levaria de Viena para suas férias na Itália. Ela não se deixou convencer pelas argumentações da empresa, baseadas no conceito de "circunstâncias extraordinárias". Passou quatro anos reclamando, até que o Tribunal de Justiça da União Europeia lhe deu razão, em dezembro de 2008. Obteve uma indenização modesta de 250 Euros,

---

[89] Not just a hot cup anymore, The New York Times, Hilary Stout (21/10/2003), https://www.nytimes.com/2013/10/21/booming/not-just-a-hot-cup-anymore.html, acesso em 06/01/2022.

EMPRESAS FAMILIARES

mas estimulou inúmeros outros passageiros lesados a reclamarem das companhias aéreas. Além disso, o caso induziu muitas empresas a mudarem seus procedimentos de comunicação com os clientes.[90]

Naquele mesmo ano, 2008, o músico Dave Carroll viajou do Canadá para os Estados Unidos e, na chegada, constatou que seu violão estava quebrado. Reclamou, não foi indenizado e ouviu de um funcionário da United Airlines: "boa sorte com isso aí, amigo". Mesmo indignado, Carroll procurou um acordo, mas não obteve sucesso. No ano seguinte, sua banda colocou no YouTube um clipe da canção *United Break Guitars*, que teve mais de 150 mil visualizações somente no primeiro dia. A imagem da companhia foi arranhada e há quem diga que a bronca até mesmo desvalorizou os papéis da companhia. Pelo bem da marca, teve início, então, o esforço pela boa comunicação. A poderosa United se desculpou, pagou US$ 3 mil de indenização e ainda pediu para usar o vídeo no treinamento de seu pessoal.[91]

O *marketing* e a propaganda podem também se constituir em tiros pela culatra no campo da comunicação e do diálogo com clientes consolidados e potenciais. Anualmente, as revistas especializadas listam os tropeços nessa área, cometidos até pelos mais experientes profissionais. Em 2017, por exemplo, a Adidas enviou a atletas a seguinte mensagem: "Parabéns, você sobreviveu à Maratona de Boston". Era um estímulo singelo ao esforço esportivo, mas todo mundo se lembrou do atentado à bomba que matou três pessoas e feriu outras 264 na mesma competição, em 2013. A intenção era louvável, mas pegou mal.[92]

---

[90] European court rules on airline compensation, The Guardian (21/03/2009), https://www.theguardian.com/money/2009/mar/21/airline-ticket-justice-compensation, acesso em 04/01/2022.

[91] A broken guitar, a YouTube video and a new era of customer service, Marketplace, Tommy Andres (05/07/2019), https://www.marketplace.org/2019/07/05/a-broken-guitar-a-youtube-video-and-a-new-era-of-customer-service/, acesso em 05/01/2022.

[92] Adidas apologizes after sending "You Survived" email do Boston Marathon finishers, Time, Jennifer Calfas (18/04/2017), https://time.com/4745066/adidas-boston-marathon-email/, acesso em 13/01/2022.

Marcelo Silva

No Brasil, a JBS sofreu com a repercussão da Operação Carne Fraca. Assim, para reduzir o dano à sua imagem, lançou uma campanha para destacar a qualidade de seus produtos. Usou, no entanto, uma imagem de arquivo em que a carne da Friboi aparecia com uma etiqueta de validade de 2013, ou seja, de quatro anos antes. O público não perdoou.[93]

Nos anos de pandemia, muitas empresas marcaram pontos na luta global contra a Covid-19, especialmente quando, de forma discreta, somaram esforços com os serviços públicos, fornecendo produtos e serviços emergenciais, divulgando corretamente procedimentos de proteção e colaborando para desmentir as *fake news* sobre vacinas. Outras empresas, no entanto, foram desmoralizadas por declarações negacionistas de seus líderes, mais interessados em continuar ganhando dinheiro do que em preservar a saúde e a vida das pessoas. Algumas companhias, também insistentes no equívoco, foram criticadas pelo alarde marqueteiro de suas contribuições. E o efeito foi o inverso do esperado. Afinal, numa situação de crise mundial, ninguém deveria buscar elogios por fazer o que é urgente e necessário.

Empresas familiares são particularmente observadas e vigiadas pelo público, que delas exige condutas elegantes e comportamentos éticos. Afinal, as pessoas imaginam que os pais nunca serão capazes de ensinar coisas erradas para os filhos. Por esse motivo, em 2011 e 2012, o mundo olhou com curiosidade, espanto e também com repulsa para o clã Murdoch, controlador da 21st Century Fox e da News Corp. Naquele período, o velho magnata Rupert e seu filho James, executivo do grupo, tiveram de prestar depoimento a um comitê parlamentar britânico para explicar o grampeamento ilegal de telefones pelo *News of the World*, veículo de comunicação da empresa. As vagas justificativas não colaram. Além disso, outros

---

[93] Data de validade de carne no comercial da JBS gera polêmica nas redes sociais, Época Negócios (22/03/2017), https://epocanegocios.globo.com/Empresa/noticia/2017/03/data-de-validade-de-carne-no-comercial-da-jbs-e-alvo-de-piada-na-web.html, acesso em 08/01/2022.

EMPRESAS FAMILIARES

ilícitos, como suborno de policiais, vieram à tona. Como resultado, o tradicional periódico, fundado em 1843, teve de fechar suas portas.[94]

A marca de uma empresa está geralmente associada ao seu fundador ou àquele patriarca que fez o negócio crescer. Quando se trabalha na comunicação externa, é preciso considerar que o público vê essa figura por trás de cada mensagem. Já que falamos de mídia, valem os exemplos brasileiros. Durante décadas, a voz da Rede Globo era a voz de Roberto Marinho, depois representada por seus filhos. As manifestações do SBT foram associadas a Silvio Santos e suas herdeiras. O mesmo vale para a Rede Bandeirantes, da família Saad; para o Grupo Folha, dos Frias; e para o Grupo Estado, do clã Mesquita.

Em muitos casos, o varejo também funciona dessa forma. No caso do Bompreço, sempre citado nesta obra, a figura imaginada pela clientela era sempre a de João Carlos Paes Mendonça. Ele era parte da marca da empresa e também seu principal porta-voz.

Sabendo da importância da comunicação, verbal e não verbal, ele criou simbologias que estabeleceram uma identidade e também um diálogo com os clientes. Ao divulgar o mote "orgulho de ser nordestino", ele se tornava parceiro leal do povo local e um aliado em suas lutas diárias. Discretamente, era um alento à gente boa da região, que durante muito tempo sofreu com o preconceito de determinadas pessoas do Centro-Sul do país, representantes de uma cultura de ignorância que felizmente está se extinguindo.

Vale dizer que esse diálogo se dava também por gestos. A gentileza de uma caixa de supermercado e a atitude prestativa de um gerente estreitavam laços com os clientes. Nessas interações, eles naturalmente viam os Paes Mendonça e intuíam que o respeito presente nas relações familiares se estendia à comunidade de clientes.

---

[94] The News of the World closure announce, The Guardian (07/07/2011), https://www.theguardian.com/media/blog/2011/jul/07/news-of-the-world-closes-live-coverage, acesso em 01/10/2022.

Marcelo Silva

A marca encontrava-se, portanto, intimamente associada à imagem e às virtudes dos donos do negócio.

Evidentemente, quando a família deixou o negócio, esse diálogo rapidamente se reduziu, definhou e, um dia, cessou. Enquanto se perdia a cultura Bompreço, desaparecia também a singular comunicação estabelecida entre a empresa e seus colaboradores, fornecedores e consumidores. Grandes e notáveis negócios, especialmente no varejo, dependem de métodos, padrões e controles, ou seja, dos instrumentos convencionais da gestão. No entanto, também é verdade que crescem e se consolidam quando aprimoram as formas de diálogo com seus interlocutores. Não há segredo: é a boa conversa que encanta.

14

METAMORFOSES

Bompreço: Orgulho de Ser Nordestino

—

Em outros capítulos deste livro, já narrei diversos episódios da história do Bompreço, empresa familiar à qual dediquei 24 anos de minha vida profissional. Vale, no entanto, a fim de explicitar conceitos, repassar mais detalhadamente essa trajetória de sucesso no varejo.

A gênese deste negócio se dá em 1935, em Serra do Machado, município de Ribeirópolis, no interior de Sergipe. A mercearia de Pedro Paes Mendonça era pequena, mas bem gerida e empenhava-se em atender às necessidades da população do vilarejo.

João Carlos Paes Mendonça nasceu em 1938 e cresceu vendo o pai lidar habilmente com o negócio da família. Aprendeu no cotidiano do modesto estabelecimento como conquistar e fidelizar clientes, fosse na concessão de um crédito informal, fosse na oferta de balas como brinde singelo para as crianças da cliente.

Os negócios da família prosperaram com a implantação de um armazém em Aracaju. Movido por um inquieto espírito empreendedor, João Carlos se transferiu para o Recife, em Pernambuco, e lá abriu seu primeiro supermercado em 1966, no bairro de Casa Amarela.

Foi demorado o processo de escolha do nome da empresa. Um dia, João Carlos foi jantar na casa de Wilson Porciúncula, um amigo, gerente-geral de um importante fornecedor, a Unilever. Discutiram o tema

Marcelo Silva

por horas a fio, sem chegar a uma conclusão. Só sabiam que deveria ser um nome capaz de competir simbolicamente com a expressão Comprebem, de uma rede do varejo então existente no Recife.

No caminho para casa, Auxiliadora, mulher de João Carlos, recordou as conversas na casa do anfitrião. Segundo ela, todos haviam advertido, recorrentemente, que tão importante quanto encontrar um nome chamativo era encontrar um meio de oferecer boas ofertas para os consumidores. "É válida essa discussão toda, mas tem que ter bom preço", determinou, com sabedoria. Pronto! Estava definido o nome da companhia: Bompreço, tudo junto!

O sucesso da empreitada não tardou, resultado natural de ótimos preços e atendimento acolhedor, mas também de excelentes padrões de governança e zelo pelo adequado fluxo de caixa. Naqueles primeiros tempos, João Carlos costumava munir-se de lápis e papel a fim de anotar tudo que via no ponto de venda. Não raro, conversava com os fregueses para saber se tinham alguma reclamação ou demanda. Eclético, atuava nas negociações de compras, descia para a loja nos horários de pico e, depois, auxiliava nas tarefas da tesouraria e da contabilidade.

Naquela época, as lojas do Recife funcionavam das oito da manhã até o meio-dia. Fechavam para o almoço e permaneciam abertas de duas até seis da tarde. Nas segundas-feiras, muitas não tinham atividade no período da manhã. O Bompreço inovou ao manter as lojas abertas, de forma ininterrupta, das oito da manhã às seis da tarde, de segunda a sábado.

Logo veio a segunda unidade, a B2, no bairro Madalena, também no Recife. Nesse momento, João Carlos decidiu fortalecer a presença familiar no empreendimento. Agregou ao seu time o irmão José Américo, que se tornaria vice-presidente da companhia. Depois, convocou Eduardo Mendonça, que se tornou diretor de operações, e, finalmente, Reginaldo, o caçula, que foi nomeado diretor comercial. Essa se tornou a diretoria estatutária após o falecimento do patriarca Pedro Paes Mendonça, em 1978.

EMPRESAS FAMILIARES

Vale dizer que a empresa cresceu rapidamente, apoiada desde os primeiros tempos em uma cultura de inovação. Em 1982, lançou o já citado Cartão Hiper, que se tornaria um facilitador financeiro muito apreciado pelo mercado em geral.

O Bompreço, no entanto, estabeleceu-se como vanguarda em muitas outras áreas: foi, por exemplo, a primeira empresa brasileira a empregar, em sua loja do Parque Amorim, no Recife, a leitura de identificação por código de barras, no padrão EAN 13. Esse avanço ocorreu em 1984, por meio do uso de *scanners* fabricados pela IBM. Convém ressaltar que foi uma iniciativa inovadora bastante ousada, pois, na época, vigorava a reserva de mercado e o Brasil sofria com o atraso tecnológico.

Esses progressos se deviam especialmente ao espírito inovador de João Carlos, que se potencializava em seu time familiar e no grupo de funcionários profissionais graduados, entre os quais eu me incluía, atuando como diretor administrativo e financeiro.

Abilio Diniz, à época no Pão de Açúcar, costumava dizer a seus diretores que, para verem uma operação de vanguarda, deveriam viajar ao Nordeste e visitar as lojas do Bompreço.

Em 1987, tomei parte ativamente na implantação de um desses projetos. Passei uma semana na Flórida para conhecer os planos de benefícios da rede de supermercados Publix, fundada por George W. Jenkins, empreendedor com quem João Carlos fizera amizade. A empresa era vanguarda na época e manteve essa vocação. Em 2024, tinha como proprietários membros da família Jenkins, funcionários e ex-funcionários.

Em 1990, implantamos três grandes planos. Um deles era de suplementação de aposentadoria para quem ganhasse mais de dez salários-mínimos. Era chamado Precius e fora constituído sob orientação do conceituado professor Rio Nogueira, o mesmo que criou serviços de estatísticas e atuariais para os principais fundos de pensão do país, como Previ e Petros.

O segundo plano era de participação acionária para os executivos da empresa. O terceiro garantia participação nos lucros para todos os funcionários. Nessa época, nenhuma outra empresa brasileira tinha simultaneamente três planos desse tipo.

No início da década de 1990, José Américo, então vice-presidente, deixou o grupo para montar seu próprio negócio com os filhos. Os outros dois irmãos permaneceram. Nessa época, porém, a empresa já se encontrava bastante profissionalizada. Assim, pôde suportar defecções no grupo diretivo familiar.

O já citado Bloco da Parceria surgiu em 1992, com o propósito de patrocinar uma festa carnavalesca para os funcionários e seus familiares. Logo, os fornecedores quiseram participar e passaram a bancar os trios elétricos. Em pouco tempo, tivemos a presença de artistas de fora, como Ivete Sangalo e a turma da banda Chiclete com Banana, além dos pernambucanos, como Alceu Valença. Em seu auge, o bloco chegou a reunir mais de um milhão de pessoas na praia de Boa Viagem. Versões da mesma iniciativa foram produzidas em outras cidades com filiais do Bompreço, como Maceió, Aracaju e Salvador.

É importante repetir que, em todas essas atividades, ecoava o mote "orgulho de ser nordestino". Era uma ideia que representava genuinamente a empresa. Adesivos com esse *slogan*, sem alusão direta ao Bompreço, foram produzidos e logo passaram a ocupar os vidros dos automóveis na região. Logicamente, a empresa empregava a frase em suas peças publicitárias, gerando uma profunda identificação com o povo do Nordeste.

Adesivo popularizado pelo Bompreço

EMPRESAS FAMILIARES

Em 1995, resolvemos abrir o capital da empresa. Fizemos um *road show* pela Europa e pelos Estados Unidos. João Carlos era o primeiro a estar de pé pela manhã, sempre bem disposto e falante. Nessa época, sentíamos que precisávamos de um parceiro, e o consultor Michael O'Connor, em diálogo já reproduzido neste livro, advertiu-nos a não estabelecer parceria com um sócio financeiro, e sim com um sócio estratégico que pudesse colaborar efetivamente com a gestão do negócio.

A holandesa Royal Ahold, também do setor supermercadista, finalmente adquiriu 50% do capital do Bompreço, mas a gestão da empresa continuou a cargo da competente equipe brasileira de administração. Na verdade, os sócios assim procederam porque um dos diferenciais da rede era justamente seu time de *management*.

Nessa época, a companhia adquiriu o Paes Mendonça da Bahia, que tinha sido de um tio de João Carlos, e também a rede GBarbosa, com sede em Sergipe. O fim daquela década, no entanto, foi espinhoso para as empresas do varejo, muitas das quais baixavam as portas, deixando funcionários e fornecedores sem nada. O cenário não era promissor nem para as corporações bem estruturadas. Em 2000, o Bompreço foi, enfim, integralmente vendido para os parceiros holandeses.

A Royal Ahold, porém, não esquentou o lugar. Decidiu deixar a América Latina em 2004 e repassou a empresa para o Walmart, que acabou por descaracterizar a cultura original que havíamos construído. Relato o episódio com detalhes em meu livro *Gente não é Salame*. Com a saída de João Carlos do grupo, o Bompreço simplesmente "acabou!". Porque as companhias nada mais são do que a expressão das pessoas que gerem e fazem funcionar o negócio.

Marcelo Silva

Um legado de conhecimento

Posso dizer, sem medo de errar, que dois conceitos fundamentais inspiravam a gestão do Bompreço:

+ O cliente é o nosso *target*, mas para conquistá-lo e mantê-lo, é preciso, antes, educar e cativar os colaboradores. Quando satisfeitos, eles se sentem a própria empresa e, naturalmente, buscam satisfazer os clientes.

+ O desenvolvimento corporativo depende da inovação, sempre destinada a atender demandas expressas ou latentes dos consumidores.

Vale salientar ainda que o Bompreço era uma empresa muito comprometida com a região, que entendia a alma do nordestino, seu jeito alegre, simples, festeiro, franco, poético, profundo, sensível e solidário.

Por fim, era constituído de pessoas íntegras. Só vendia produtos de qualidade, não ludibriava ninguém para alavancar vendas e não fazia propagandas enganosas. As pessoas percebiam naturalmente essa virtude e depositavam confiança na organização.

O tempo passou e os colaboradores lamentaram a perda de um jeito de ser, fazer e vender que era único e gratificante. Dissolveu-se, pois, uma identidade. Muitos clientes deixaram de frequentar as lojas porque desapareceu aquela tradição de acolhimento e de calor humano.

Nos bons tempos, os pontos de venda tinham sempre uma atmosfera temática. Era junho, tempo das festas de São João, e as lojas viravam um Caruaru. Nada era impessoal. Além do "orgulho de ser nordestino", a empresa trabalhava com o mote "faça melhor, faça bonito, faça Bompreço". No Nordeste, durante muito tempo, fazer supermercado era "fazer Bompreço". A dona de casa saía de casa para realizar compras, mesmo que no concorrente, e avisava para os filhos: "eu vou fazer Bompreço no Pão de Açúcar".

Dos 24 anos que dediquei ao Bompreço, 22 foram atuando diretamente com João Carlos e seus irmãos. Nesse período, recebi algumas

EMPRESAS FAMILIARES

investidas de *headhunters*. No entanto, nunca lhes dei oportunidade a um segundo passo. Porque eu realmente não tinha interesse em deixar a minha empresa. Aquela era a minha empresa. Aquele era o meu lugar. Eu apreciava aquela cultura familiar, aqueles amigos do corpo diretivo e gerencial, aqueles colaboradores, aqueles clientes.

Quando o Bompreço enfrentou dificuldades na obtenção de créditos, logo após a implantação do Plano Real, recebi um convite para ser CFO do Ponto Frio. As condições financeiras eram bem mais favoráveis, mas rejeitei a proposta. Perguntaram-me o porquê. Respondi que não podia deixar o Bompreço naquele momento de receios e aflições. Minha saída emitiria um sinal muito ruim para o mercado. Meu interlocutor reagiu dizendo que eu deveria considerar meu próprio interesse profissional. Expliquei que não conseguiria dormir em paz se tivesse a sensação de ter abandonado meus amigos e colocado em risco a empresa. "Eu não faço isso, porque não sou rato de porão de navio", resumi, com meu expansivo jeito pernambucano de falar. O sujeito olhou para mim embasbacado e ficou em silêncio, provavelmente sem compreender minha filosofia.

Depois que João Carlos vendeu a sua participação acionária, já não havia o que me prendesse à organização. Dois anos depois, aceitei um convite da Pernambucanas e me mudei para São Paulo. Para mim, era o início de um novo ciclo.

Vale lembrar, no entanto, que, no ambiente das impermanências, as atividades empresariais da família Paes Mendonça evoluíram para outros setores. Em 2024, quando este livro era concluído, o grupo JCPM tinha uma base sólida e diversificada, operando o robusto Sistema Jornal do Commércio de Comunicação; uma rede de sofisticados *shoppings* distribuídos por Pernambuco, Bahia, Ceará e Sergipe; empreendimentos imobiliários em vários Estados nordestinos; além de contribuir decisivamente para a inclusão social por meio do Instituto JCPM e da Fundação Pedro Paes Mendonça. Do alto da experiência, João Carlos segue supervisionando os negócios, muitos deles já geridos por seus netos. Era a quarta geração da família exercitando-se na liderança empreendedora.

15

EVOLUÇÃO

Magazine Luiza: sucessão na receita do êxito

—

Na época em que concluíamos este livro, o Magazine Luiza havia se consolidado como uma das empresas varejistas mais valiosas do Brasil. Era, pois, o maior ecossistema para comprar e vender no país, mesclando pontos físicos e uma robusta plataforma digital. Tinha 1.303 lojas em 20 Estados e mais de 39 mil funcionários, além de diversas marcas *online*, como Netshoes, Zattini, Shoestock, Época Cosméticos, Estante Virtual e KaBuM!

Para saber de uma empresa, precisamos produzir fotos que traduzam o momento da companhia. Para este livro, consideramos o panorama apresentado ao final do quarto trimestre de 2023. Nesse *quarter*, a margem bruta atingiu 30,3%, crescendo 2,5 p.p. na comparação com o quarto trimestre do ano anterior. As vendas totais somaram R$ 18 bilhões no período, estáveis em relação ao trimestre correspondente em 2022. O lucro líquido recorrente alcançou 102 milhões de reais nesse recorte de três meses.

Ampliando a imagem, vemos que, em 2023, as vendas totais foram de R$ 63 bilhões, o que representa um aumento de 5% na comparação com 2022. Nos quatro anos ali concluídos, o crescimento médio anual, portanto, foi de 19%. Em 2023, as vendas nas lojas totalizaram mais de R$ 17 bilhões, uma elevação de 4% em relação

Marcelo Silva

ao ano anterior. Nesse ano, as vendas do *e-commerce* alcançaram a cifra de R$ 46 bilhões, um aumento de 5% em relação a 2022.

No ano em análise, as vendas do *marketplace* chegaram a R$ 18 bilhões, crescendo 17% na comparação com 2022. Essa fatia do negócio atingiu um total de 340 mil *sellers*, um aumento de 80 mil parceiros ao longo do ano. Em somente um ano, o catálogo passou de 91 milhões para 128 milhões de ofertas disponíveis.

Frederico Trajano, representante da terceira geração da família controladora do negócio, havia liderado um bem-sucedido processo de transformação digital, consolidado por um sistema de integração multicanal. A empresa era também admirada por seus compromissos de inclusão social, como o projeto de *trainee* para negros e o Luiza Code, um curso de capacitação em programação computacional para mulheres.

Mas quais caminhos foram trilhados na conquista desse padrão de excelência no campo da gestão? É o que me perguntam jornalistas, empreendedores, gestores profissionais e até mesmo cidadãos comuns que realizam compras na rede.

Vale, portanto, relembrar essa formidável história. A pioneira desta aventura foi Luiza Trajano Donato, que por longo período trabalhou como vendedora na Casa Gino, uma grande loja de Franca, no interior de São Paulo. Funcionária exemplar, economizava o dinheiro das comissões com a intenção de realizar seu sonho: montar um negócio próprio para conquistar a independência financeira e empregar os familiares. Assim, em sociedade com o marido, o caixeiro-viajante Pelegrino José Donato adquiriu, em 1957, uma pequena loja de presentes denominada *A Cristaleira*.

O nome Magazine Luiza surgiu depois, escolhido pelos próprios clientes por meio de um concurso cultural promovido por uma emissora de rádio local. O negócio logo se destacou pela qualidade dos produtos oferecidos, pela simpatia dos colaboradores e, sobretudo, pelo atendimento primoroso, uma saudável obsessão dos donos, especialmente de Dona Luiza.

EMPRESAS FAMILIARES

Logo, já trabalhavam na loja os quatro irmãos da proprietária. Em 1964, aos 12 anos de idade, Luiza Helena Trajano, uma de suas sobrinhas, começou a atuar como balconista. Dedicada, inteligente e com uma enorme capacidade de realização, passaria por diversas áreas da empresa, como cobrança e vendas, até se tornar CEO, em 1991.

Em 1966, a loja foi ampliada e ganhou uma nova dupla de sócios: Wagner Garcia e sua esposa, Maria Trajano Garcia, irmã da fundadora. Em 1974, inaugurou-se a primeira grande loja de departamentos do grupo, com 5 mil metros quadrados. Dois anos depois, três novos sócios foram incorporados: Wagner Garcia Jr., Onofre de Paula Trajano e Luiza Helena Trajano. Nessa época, a companhia adquiriu as Lojas Mercantil, com unidades em Franca, Barretos e Igarapava.

A empresa continuou crescendo e se modernizando, sem jamais renunciar a seus valores, calcados na tradição familiar. Em 1981, tornou-se uma das primeiras redes do varejo a implantar um sistema de computação nos pontos de venda. A expansão para fora do Estado teve início em 1983, com a abertura de filiais em cidades do próspero Triângulo Mineiro.

Em 1991, adiantando-se no processo de profissionalização, a empresa criou a Holding (LTD). Nessa época, os sócios decidiram que nenhum de seus agregados, fosse sogro, genro ou cunhado, poderia trabalhar na empresa. Familiares de relação direta, como filhos e netos, ficavam livres dessa restrição, mas teriam que respeitar a hierarquia e buscar ascender internamente por meio de mérito e esforço pessoal.

Em 1992, já sob a direção de Luiza Helena, a rede criou um modelo pioneiro de loja virtual. Em um exercício de inovação e criatividade, as unidades se habilitaram a comercializar produtos por meio de terminais multimídia, com vendedores orientando os clientes. As mercadorias escolhidas não estavam fisicamente expostas em vitrines e, muitas vezes, nem mesmo estocadas. A estratégia virtual pioneira gerou benefícios logísticos e uma vantagem competitiva considerável na luta pela ampliação do *market share*. O negócio deu tão certo que, 30 anos depois, o formato estava aprimorado e funcionando

Marcelo Silva

em centenas de lojas. As telas interativas permitiam a exposição detalhada e a avaliação de milhares de produtos. A ideia facilitou e aprimorou a experiência do cliente no ponto de venda.

Ainda em 1992, nasceu a promoção "Só Amanhã", dia dedicado à venda de produtos anunciados por preços muito inferiores à média do mercado.

Em 1996, mesmo mantendo a condição de empresa de capital fechado, o Magazine Luiza divulgou seu primeiro balanço financeiro auditado externamente. Detalhe: esse tipo de medida de transparência era exigido somente no caso de empresas de capital aberto. Nessa época, o grupo já contava com 54 lojas em São Paulo e Minas Gerais, mas decidiu comprar a Casas Felipe. Dessa forma, atingiu 76 unidades e alcançou os Estados de Paraná, Mato Grosso do Sul e Santa Catarina. Dois anos mais tarde, a empresa foi incluída, pela primeira vez, na lista das melhores empresas para se trabalhar no país, em pesquisa do *Instituto Great Place to Work* publicada pela revista *Exame*.

A experiência adquirida nas operações virtuais nos pontos de venda foi levada à *internet* em 1999, com a criação do *magazineluiza.com*, que se tornaria um dos principais *sites* do *e-commerce* nacional. Dois anos depois, formou-se a financeira LuizaCred, em uma parceria com o Itaú/Unibanco. A intenção foi ampliar a oferta de crédito por meio do Cartão Luiza, do empréstimo pessoal e do Crédito Direto ao Consumidor (CDC).

Em 2005, o Brasil iniciava uma fase de acelerado crescimento econômico e de ampliação do mercado consumidor, especialmente nas classes C e D. Tornou-se aquele um ano fundamental para o desenvolvimento da empresa. Com a aquisição das lojas Base, Kilar e Madol, no Sul do país, realizou-se a inauguração simultânea de 76 lojas. O Magazine reforçou a ideia de que "o cliente somente será feliz se o colaborador estiver feliz". Investindo em um programa interno permanente de informação e formação, foram criadas a TV Luiza, a Rádio Luiza e o Portal Luiza. Nessa época, o crescimento

EMPRESAS FAMILIARES

espantou o mercado e também a academia. Alunos da prestigiada Universidade Harvard, nos Estados Unidos, iniciaram um estudo para compreender a fórmula de sucesso da companhia.

No ano seguinte, o Fundo de Investimentos Capital Group comprou 12,36% do capital do Magazine Luiza, injetando R$ 120 milhões no negócio. Em 2007, foi inaugurado o mais moderno centro de distribuição da América Latina na época, com área total de 240 mil metros quadrados e 62 mil metros quadrados de área construída, em Louveira, no interior paulista. O investimento na obra alcançou R$ 57 milhões. O objetivo era expandir o negócio e dinamizar a operação. Esse processo demandava aprimoramentos também no campo da governança.

Na ocasião, o Magazine completava 50 anos, e Luiza Helena somava 43 anos de serviços prestados à empresa. No ano seguinte, em um único dia, foram inauguradas 44 lojas na cidade de São Paulo, em um superevento que agitou o setor. Em 2009, Luiza Helena foi eleita para presidir o Instituto para Desenvolvimento do Varejo (IDV), entidade criada cinco anos antes com o objetivo de fortalecer a representação de empresas varejistas de atuação nacional, estimular vendas, gerar empregos e oferecer suporte à cadeia produtiva.

Luiza Helena e seus parceiros deliberaram que o Magazine precisaria iniciar uma transição de comando e estabelecer um plano de perpetuidade. Considerado o mérito, apontou-se como sucessor o jovem Frederico Trajano, que tinha 33 anos na época e estava agregado havia oito anos aos quadros da companhia. Luiza Helena sabia da capacidade do filho, comprovada durante o período de implantação do *e-commerce*. Fred havia obtido excelentes resultados com a integração das lojas físicas e do meio digital.

Porém, levando em conta os complexos desafios da missão, o Conselho de Administração acreditou que seria apropriada a contratação de um profissional do mercado para dar continuidade aos esforços de consolidação da empresa e conduzir um processo de formação educativa do novo gestor familiar.

Marcelo Silva

> "Tem-se a noção de que somente a sucessão resolve. A sucessão, no entanto, tem que resultar de uma série organizada de atitudes que a empresa toma nos momentos apropriados."
>
> **Luiza Helena Trajano**

Conheci Luiza Helena no já citado Instituto para Desenvolvimento do Varejo (IDV), que fundamos em 2004, quando meus esforços estavam concentrados em honrar o cargo de CEO da Casas Pernambucanas. Em 2009, eu havia concluído um rico período de sete anos naquela tradicional empresa. Estivera à testa de uma dedicada equipe gestora que levou a companhia a reinventar-se, multiplicar vendas, elevar lucros e, sobretudo, restabelecer a confiança dos colaboradores e a admiração da clientela. Esse triunfo estava intimamente associado à atenção genuína ao colaborador. Quando ouvido, respeitado, capacitado e premiado, ele inevitavelmente retribui com responsabilidade, zelo nas operações e uma relação de carinho com os consumidores. Essa filosofia se integrava perfeitamente ao pensamento de Luiza Helena, que sempre havia procurado integrar a excelência técnica da governança a uma visão humanista do trabalho e da atividade empreendedora.

Senti-me muito honrado em receber o convite da empresária para comandar a companhia em uma fase de consolidação e concomitantemente participar do processo de sucessão. Meu cargo seria de um CEO educador, com a função de compartilhar conhecimentos, identificar oportunidades de inovação e potencializar os talentos da nova geração.

As empresas familiares modernas, especialmente no varejo, tendem a buscar profissionais experientes que possam habilitá-las para os desafios de mercados cada vez mais competitivos, nos quais os ciclos de inovação se completam em períodos cada vez mais curtos.

Frequentemente, no entanto, esse gestor externo tromba com a cultura peculiar do clã controlador ou com as idiossincrasias do fundador. Quando não se adapta e não logra estabelecer um diálogo de convergência, logo fracassa em sua missão. Outro problema

EMPRESAS FAMILIARES

comum é o conflito entre o gestor experiente e os herdeiros do negócio. Profissionais tarimbados costumam desvalorizar talentos disruptivos e considerá-los como ameaças ao empreendimento consolidado. Do outro lado, jovens gestores tendem, muitas vezes, a minimizar os saberes da senioridade e a classificar a presença de veteranos como um entrave ao processo de inovação.

Quando iniciei minha jornada no Magazine, em 2009, já se comentava que Frederico seria o sucessor natural de Luiza. Essa transferência de poderes, no entanto, precisaria ser bem avaliada. Herdar um DNA nobre não credencia ninguém ao governo. Você, leitor, deve se lembrar dessa passagem histórica tão vivamente narrada no filme *Gladiador*. Marco Aurélio é o último dos chamados "cinco bons imperadores". Trata-se de um soberano filósofo, culto, ponderado e, por 19 anos, devotado a atender ao interesse público. Ao morrer, em 180 d.C., o poder passa a ser exercido unicamente por seu filho Cômodo. Ainda que possa não ter sido exatamente o déspota retratado no cinema, estava muito aquém das virtudes do pai. Era certamente um líder de gostos bizarros, dissoluto, entusiasta da violência, impaciente com o Senado e pouco afeito ao labor administrativo. Em 192 d.C., em meio a uma gravíssima crise de representatividade, foi vítima de um complô e estrangulado por Narciso, um campeão de lutas. Sua morte não extinguiu a instabilidade política, e Roma iniciou um período de declínio.[95]

Como a grande história não deve ser desprezada, sempre procurei as referências apropriadas nos exemplos de outros líderes. Ao procurar conhecer a fundo a estrutura do Magazine Luiza, encontrei em Frederico um importante pilar do processo de fortalecimento da empresa. Dominava perfeitamente as técnicas de gestão e havia herdado de Luiza Helena a ponderação, o espírito inventivo e o

---

[95] Magazine Luiza, Divulgação de Resultados. https://ri.magazineluiza.com.br/List Resultados/Download.aspx?Arquivo=BmfmPVpAeRGWhJUMiHaE0w==, acesso em 29/04/2024.

amor ao trabalho. Percebi também que não estava ali por obrigação. Atuava na empresa porque sentia prazer em contribuir na construção daquele belo sonho familiar. Tinha, portanto, todos os atributos para se tornar um excelente CEO.

No início de minha gestão, instituímos uma diretoria executiva, composta de seis gestores, que passaram a trabalhar em uma mesma sala, trocando informações, tomando decisões e estabelecendo uma conexão que pudesse facilitar o cumprimento das metas da empresa. Em 2010, o escritório central de negócios da empresa foi transferido para a Zona Norte de São Paulo, em um prédio da famosa Marginal Tietê. O lugar era inspirador em sua bela arquitetura. Toda a área administrativa, no primeiro andar, compunha um anel elevado em torno de uma grande loja modelo. Ou seja, a exemplo da sede de Franca, estávamos diretamente ligados à experiência comercial que sustentava a companhia e que pagava nossos salários.

Naquele mesmo ano, a rede chegou ao Nordeste por meio da aquisição da Lojas Maia, que possuía 141 pontos de venda nos nove Estados da região. Em 2011, consolidamos a presença no Sul, comprando as 121 Lojas do Baú da Felicidade, do Grupo Silvio Santos.

Ainda em 2011, participei ativamente do processo de abertura do capital da empresa. Com certeza, provocamos um rebuliço no mercado de ações. O custo inicial de investimento era considerado baixo e atraímos uma significativa participação de pessoas físicas. Tornamo-nos uma das oito empresas mais populares da Bolsa de Valores no Brasil.

Em 2013, Frederico fez um curso em Stanford. No retorno, transferi a área de Tecnologia e de Logística para seu comando. Ou seja, ele passava a ser um COO pleno. Ele subia degraus e não decepcionava. Desempenhava muito bem cada nova função que lhe era atribuída.

No ano seguinte, 2014, fomos a única rede de varejo no seleto time dos patrocinadores da Copa do Mundo da FIFA, pela Rede Globo. Também foi o ano em que criamos o Luizalabs, um laboratório de tecnologia e inovação dentro do núcleo de pesquisa e

EMPRESAS FAMILIARES

desenvolvimento, tocado por engenheiros e especialistas multidisciplinares. Logo encontramos soluções surpreendentes na escolha de produtos e na formatação de serviços. Conseguimos oferecer mais benefícios aos clientes e uma melhor experiência de compra.

Um bom exemplo de projeto do Luizalabs foi o Bob, uma aplicação de Big Data que alterou a forma de se trabalhar com o conteúdo customizado da empresa. O sistema se tornou responsável pelas recomendações de produtos do magazineluiza.com, entregando sugestões de compras também via *e-mail* e redes de *display*.

Considero ainda como uma fantástica invenção o "Magazine Você". Foi a primeira iniciativa formal de social *commerce* do Brasil, com vendas realizadas por meio das relações entre pessoas. O "proprietário" da loja Magazine Você compõe uma vitrine virtual e pode vender qualquer produto da loja para seus familiares, amigos e colegas. Tornou-se uma oportunidade de empreender sem a necessidade de um investimento financeiro. Outra novidade bacana foi o "Quero de Casamento", uma lista de itens que permitiu aos noivos serem presenteados com créditos válidos para compras em lojas físicas ou no *site* da empresa. Mais do que tudo, proporcionou uma interação prática e divertida entre os casais de nubentes e seus amigos.

Ao optar pelo desenvolvimento autoral de tecnologia, recusando a terceirização, constituímos uma estratégica vantagem competitiva. Em um relatório divulgado pelo Credit Suisse em 2018, o Magazine Luiza foi apontado como uma das sete empresas globais capazes de sobreviver ao apocalipse do varejo. Segundo o documento, essa extinção em massa de companhias será resultado da forte concorrência *online* e da reconfiguração de todo o setor de comércio.

Voltemos, porém, a 2014. Naquele ano, assistindo a tantas transformações, inimagináveis cinco anos antes, senti que era chegada a hora de preparar a sucessão. A empresa já tinha completado mais um ciclo. Eram já 756 lojas, nove centros de distribuição, atuação em 16 Estados, forte desenvolvimento das plataformas digitais e um faturamento que ultrapassava R$ 12 bilhões. Sim,

Marcelo Silva

era necessário passar o bastão e efetivar no comando a terceira geração dessa incrível família empreendedora.

Ao me incumbir da transição, trabalhei com Frederico e também com seu primo Fabrício Garcia, à época com 41 anos, diretor-executivo do Magazine.

Nessa época, decidi que eu mesmo precisava de um *coach* capaz de me preparar para um novo ciclo de vida. No meu caso, era porque me aproximava da aposentadoria formal, mas planejava seguir ativo. Energia e inspiração não me faltavam. Aconselhei Fabrício e Frederico a fazerem o mesmo, e eles prontamente acataram a sugestão. A experiência da dupla foi excepcional. Ao final do processo, Fabrício chegou por si mesmo à conclusão de que o mais acertado seria elevar o primo ao posto de novo CEO. Ora, eram dois acionistas familiares íntegros, apaixonados pela companhia e muito bem capacitados. Quando um deles, sem pressões internas ou externas, decidiu que o outro estava talhado para o cargo principal, eu e Luiza Helena consideramos que o processo de sucessão estava se concluindo de forma exemplar.

No fim de 2015, quando se efetivou a troca de CEOs, a empresa já havia avançado na governança corporativa ao criar o Comitê de Pessoas e Cultura Organizacional; o Comitê de Estratégia, Novos Negócios e Transformação Digital e o Comitê de Auditoria, Riscos e Compliance. Haviam se somado ao já existente Comitê de Financiamento e Crédito ao Consumidor. Além disso, o Conselho de Administração já contava com um maior número de membros independentes.

Em um artigo publicado pela consultoria internacional Bain & Company, os sócios André Castellini e James Allen contam que, durante o período de sucessão no Magazine, os três maiores envolvidos sabiam de seus papéis e assumiram firmemente suas tarefas. Referiam-se a mim, a Luiza Helena e a Frederico, elogiado por seus esforços no território digital.

Em 15 de novembro de 2015, durante uma convenção que contava com cerca de 1.500 diretores e gerentes, passei simbolicamente o bastão para Frederico, que efetivamente assumiu o cargo em 2 de janeiro de 2016. Seu primo Fabrício tornou-se diretor vice-presidente comercial e de operações. Como ainda julguei que poderia colaborar com a empresa, aceitei uma nova missão quando os acionistas me elegeram vice-presidente do Conselho de Administração.

Frederico assumiu a direção por méritos próprios. Ele se preparou para esse salto na carreira. Além de ter as qualificações técnicas, habilitou-se do ponto de vista de liderança dentro da empresa. Para nós, a transição foi algo absolutamente natural. Houve plena aceitação por parte de acionistas, colaboradores, diretores e familiares. Nas empresas de varejo, é comum o COO suceder ao CEO. No período em que foi o *Chief Operating Officer*, mostrou que estava absolutamente apto a se tornar o próximo presidente da companhia.

A Terceira Geração Assume

Frederico Trajano assumiu a presidência do Magazine Luiza em um novo ciclo que daria ênfase à transformação digital da empresa. Com a indústria do varejo passando por importantes mudanças em suas operações, redefinindo e reconfigurando seus canais de vendas, o novo CEO se apresentou como vanguarda nessa revolução.

Ainda no ano em que assumiu, Frederico adotou uma estratégia altamente focada no digital, desenvolvendo estratégias inovadoras nas lojas, como o Mobile Vendas, que permitiu ao vendedor realizar todo o processo de transação com o cliente no ambiente virtual. Lançou também o novo aplicativo do Magazine Luiza, além do "Retira Loja" e da plataforma de *marketplace*. Essa última multiplicou expressivamente o número de SKUs (*Stock Keeping Unit*) vendidos pela varejista, gerando forte impacto no faturamento da empresa.

Em 2017, a aquisição da *startup* Integra Commerce, empresa de integração entre o vendedor e a loja de *marketplace*, facilitou a vida dos lojistas que quisessem vender na plataforma *online* do

Magazine Luiza. Essa conquista gerou sinergia para todo o processo de conversão digital das operações.

Por meio de um *FollowOn* (oferta de ações subsequente ao mercado) realizado ao final de 2017, a empresa se capitalizou em R$ 1,4 bilhão de reais. O objetivo foi investir esse montante em plataformas de tecnologia (e adquirir novas empresas do setor), automatizar a logística, expandir a rede de distribuição e, por fim, transformar as lojas físicas em minicentros de distribuição *shoppables*, seguindo uma tendência das empresas vanguardistas do varejo.

Em 2018, Frederico anunciou a aquisição da *startup* de logística Logbee, essencial à expansão do sistema de entregas expressas, no qual o produto é enviado para a casa do cliente em até dois dias.

A quarta geração da família ainda é muito jovem, mas já vem sendo iniciada por meio do Conselho Familiar, que acompanha as ações e estratégias da companhia. Não há dúvida: quando Frederico passar o bastão, será para um profissional sintonizado com a tradição da família e movido pelo espírito da inovação.

Quando eu finalizava esta obra, recebi uma triste notícia. Num dia de fevereiro de 2024, Luiza Trajano Donato, a fundadora do grupo havia falecido, aos 97 anos. Lembrei-me de seu semblante sempre entusiasmado, de suas palavras de apoio e de seu amor genuíno pelo negócio da família. Ela estava lá, presente, por exemplo, quando realizamos o IPO, em 2011. Bateu o martelo e celebrou o processo de ampliação da empresa. Estou certo de que seguirá inspirando as novas gerações.

Quadro *(foto)*

Luiza Helena Trajano Inácio Rodrigues começou a trabalhar na loja dos tios Luiza e Pelegrino aos 12 anos de idade, durante o período de férias escolares. O objetivo era apenas ganhar um dinheirinho para comprar presentes de Natal para a família e amigos. Em pouco tempo, no entanto, descobriu que tinha talento para atuar em vendas. Assim, passou a ajudar os parentes sempre que podia. Aos 18 anos, agregou-se oficialmente à empresa.

EMPRESAS FAMILIARES

Luiza Helena tratou também de construir uma sólida base de conhecimento. Formou-se em Direito e Administração de Empresas e buscava todo tipo de informação possível sobre o varejo. Passou por vários setores da companhia, cujo comando assumiu em 1991, por solicitação da tia.

A partir daí, iniciou um ousado projeto de consolidação, modernização e expansão da empresa. Seu método de gestão tem como pilares principais a relação próxima com os colaboradores e a construção de laços duradouros de confiança com os clientes.

Mãe de três filhos, soube conciliar a vida familiar com a atividade corporativa. Hoje, é uma das mulheres mais influentes do Brasil e luta pelo empoderamento feminino, especialmente por meio do empreendedorismo. Há muita gente que até gostaria de vê-la como presidente ou vice-presidente do nosso país.

Em suas palestras, ela costuma elencar dicas para quem pretende constituir um negócio de sucesso.

1) Questione. Pergunte. Acumule tanto conhecimento quanto possível, não importa sua posição na companhia.

2) Valorize as pessoas. Não basta pagar pelos serviços prestados. Cada colaborador precisa se sentir parte da empresa e ter a oportunidade real de crescer com ela.

3) Faça propaganda. Mas apenas divulgue o que for rigorosamente verdadeiro. A publicidade que funciona divulga virtudes e vantagens que o cliente comprova na prática.

4) Inove. Há sempre um modo de eliminar falhas e de aperfeiçoar o que já é bom. Use a tecnologia para atender às novas demandas do consumidor.

5) Não dê ouvido aos pessimistas. Alguém sempre dirá que a ideia não vai funcionar. É preciso pesar prós e contras, mas sempre

com um viés positivo e de coragem. O importante é reunir as pessoas de confiança que confiam nos projetos e empreender as mudanças necessárias.

6) Todos os dias são importantes. Na verdade, não há um "ponto da virada" específico. Cada novo dia apresenta uma oportunidade singular de estabelecer a mudança e melhorar a empresa. Tudo é processo. Tudo é trabalho incessante.

7) Não perca tempo com reclamações. Mais importante do que reclamar é mostrar gratidão e abrir caminhos para o futuro. Quem busca o sucesso precisa investir sua energia na busca de soluções e inovações. E isso vale para tudo na vida. Sinto-me responsável também pelo meu país. Tratando do interesse geral, igualmente prefiro pensar em soluções em vez de reclamar.

Creio que são ideias lúcidas, corretas, apropriadas, baseadas na integridade e também no altruísmo. Não podemos deixar de compartilhar esses pensamentos.

Nascido em 1976, Frederico Trajano cursou Administração de Empresas na Fundação Getúlio Vargas e trabalhou por dois anos no mercado financeiro, atuando no departamento de Varejo e Bens de Consumo do Deutsche Bank. Por outros dois anos, serviu à área de Tecnologia, Internet e Telecomunicação do fundo americano West Sphere Equity Investors. Ao ingressar no Magazine Luiza, em 2000, foi o responsável pela implantação do *e-commerce*. Em 2004, assumiu o setor de vendas e *marketing* da empresa e, em 2010, quando da formação da diretoria executiva, passou a atuar como diretor na área de Operações, setor que englobava a área de vendas, *marketing*, logística e TI.

Como CEO do Magazine Luiza desde 2016, empenhou-se em solidificar a vocação inovadora da empresa, investindo em tecnologia de ponta, logística e formação de pessoas. Comandou também uma

EMPRESAS FAMILIARES

série de aquisições de outras companhias, de modo a aprimorar a operação e amplificar o alcance e a relevância do negócio. Em 2021, em uma *live* da mídia corporativa, falou sobre sucessão nas empresas. "O sucessor, principalmente quando assume o posto de um líder carismático, enfrenta um grande desafio, sendo ou não da família", afirmou. Segundo ele, todo sucessor precisa achar um espaço específico dentro da organização, um lugar que lhe dê a oportunidade de deixar sua impressão digital no negócio. "No meu caso foi o *e-commerce*", declarou.

Nessa ocasião, Fred também tratou de seus projetos para dinamizar o ambiente de negócios no país. "A gente digitalizou a companhia (Magalu) e agora quer ajudar as empresas do varejo brasileiro a se digitalizarem", disse. Segundo ele, o Brasil ainda é marcado por muitas companhias totalmente analógicas, mas tem muitos empreendedores de talento, capazes de alterar esse panorama. "Uma coisa é digitalizar uma empresa; outra é ajudar o varejo brasileiro a se digitalizar", afirmou. De acordo com Fred, o Brasil deveria seguir o exemplo da China nesse campo. "Empresas como o Magalu podem ser protagonistas nesse processo", explicou.[96] Ao concluirmos este trabalho, esta era a voz ativa do Magazine Luiza, indicando os caminhos futuros.

---

[96] Quero o Brasil tão digital quanto a China, diz Frederico Trajano, Gabriela Oliva, Poder360 (07/10/2021), https://www.poder360.com.br/economia/quero-o-brasil-tao-digital-quanto-a-china-diz-frederico-trajano/, acesso em 17/01/2022.

16

VISTO DE FORA

Preenchendo as lacunas: transições na liderança familiar

André Castellini e James Allen (2018)

Por trás do sucesso inicial de empresas familiares existe sempre uma equipe de indivíduos talentosos que têm um claro entendimento da missão insurgente da empresa e a implementam apaixonadamente. Os membros da família costumam envolver-se com o negócio desde a fundação ou aprendem diretamente com os próprios fundadores. Por esse motivo, muitas empresas familiares têm uma vantagem quando se trata de superar obstáculos.

Vejamos o caso de Luiza Helena Trajano, presidente do Magazine Luiza, uma das principais empresas varejistas brasileiras. A tia de Luiza Helena e o marido fundaram a empresa em 1957. Ela começou a trabalhar ali quando tinha 12 anos e chegou à direção em 1991, quando a empresa tinha 30 lojas. O Magazine Luiza conta hoje com mais de 800 lojas e mais de 26 mil funcionários.

Luiza Helena é uma personalidade notável e uma das líderes empresariais mais conhecidas do Brasil. Uma de suas principais funções no Magazine Luiza tem sido incentivar o gerente de loja e sua equipe. Essa obsessão com a linha de frente, um valor insurgente fundamental, esteve presente em Luiza Helena desde o início de sua carreira.

Mas o que acontece quando a troca de líderes em uma empresa familiar não corresponde à natural sucessão das gerações? Luiza certamente estava pronta para suceder a tia e o tio. Mas o líder seguinte podia não estar preparado para assumir seu papel.

O filho de Luiza, Frederico Trajano, ingressou no Magazine Luiza em 2000. Ele se formou em uma das principais escolas de negócios do Brasil e passou quatro anos trabalhando como analista de varejo em bancos de investimento.

Durante esse tempo, ele estudou a estratégia de negócios de ponta e desenvolveu um profundo conhecimento dos mercados financeiros. Mas quando Luiza precisou de alguém para atuar como CEO e coordenar o IPO da empresa, Fred ainda não estava preparado. Ele ainda precisava de tempo para crescer como líder dentro da empresa.

Em artigos anteriores, discutimos como os insurgentes inevitavelmente encaram uma lacuna de talentos. É necessário aumentar a equipe de líderes e adicionar novas capacidades para continuar crescendo. As empresas precisam trazer reforços de fora, muitas vezes na forma de gestão profissional.

O desafio é integrar esses novos talentos sem perder a *Mentalidade do Fundador*. Com muita frequência, os insurgentes contratam profissionais de grandes empresas, que trazem suas ferramentas e processos de gerenciamento de ponta. Mas eles também trazem uma cultura própria. Permanecem distantes da linha de frente, introduzem complexidade burocrática e não se identificam com a missão insurgente. No final, podem destruir a cultura de uma empresa.

Então, como as empresas familiares, como o Magazine Luiza, puderam conciliar a necessidade de preencher lacunas de liderança com a necessidade de preservar sua missão original?

Em 2009, o Magazine Luiza contratou Marcelo Silva, experiente executivo de varejo, como CEO. Seu papel era preparar a empresa para seu IPO e melhorar a governança para ajudar a profissionalizar o negócio.

Marcelo fez exatamente isso. Ele agiu com cuidado e colocou

EMPRESAS FAMILIARES

seu ego de lado. Empenhou-se em preservar e reforçar a cultura que fez do Magazine Luiza um sucesso, em vez de diminuí-la com a burocracia. Durante seu tempo como CEO, Marcelo perseguiu dois objetivos: o primeiro foi seguir o exemplo de Luiza e manter o foco na linha de frente; o segundo foi preparar seu sucessor, Fred, para a tarefa de liderança que tinha pela frente.

Mas Marcelo não foi o único herói nessa história. Ele não alcançou sozinho esses objetivos. Primeiramente, Luiza fez sua parte para que a empresa seguisse em sua missão. Ela permaneceu envolvida em todo o processo, como presidente do Magazine Luiza.

Como a empresa adotou uma estrutura de gerenciamento mais profissional, ela se empenhou em manter a loja como unidade de criação de valor, na qual o gerente tem todo o poder e as informações necessárias para atender aos clientes locais. Sua obsessão com a linha de frente foi um modelo para Marcelo.

Além disso, Fred desempenhou um papel fundamental na suavização da transição. Com Marcelo no comando, Fred foi capaz de nutrir a obsessão pela linha de frente e pela dedicação ao cliente. Começando no departamento de vendas, ele trilhou seu caminho até a função de COO. Ao longo do processo, ganhou experiência prática na linha de frente, mergulhando nas operações do dia a dia da empresa e conhecendo as pessoas.

A presença de Marcelo também permitiu que Fred explorasse o próximo capítulo do Magazine Luiza. Logo no início, Fred reconheceu a importância do comércio eletrônico. Assim, dedicou sua energia ao desenvolvimento da estratégia digital e do modelo operacional da empresa, com o objetivo de transformar um varejista de tijolo e cimento em uma usina de *omnichannel*.

Por meio de várias viagens ao Vale do Silício, ele aprendeu sobre os modelos digitais emergentes e as melhores práticas na área. Inspirado pelo que viu, Fred lançou iniciativas como o LuizaLabs, um laboratório de inovação digital que ajudou a incrementar o *e-commerce* do Magazine Luiza em 55%.

Em 2016, o desenvolvimento profissional e a profunda compreensão da cultura do Magazine Luiza renderam a Fred o cargo de CEO. Desde que assumiu, o Magazine Luiza continuou sua trajetória ascendente. O valor de mercado da empresa cresceu mais de 60 vezes nos últimos dois anos, enquanto o de seu principal concorrente aumentou apenas cinco vezes.

Em última análise, a transição entre a gestão profissional e a liderança familiar requer equilíbrio e ações coordenadas em todas as dimensões do processo. Empresas familiares podem tirar três lições importantes do sucesso do Magazine Luiza.

- Reconheça quando precisar de ajuda. Luiza e Fred poderiam ter forçado a transição para manter o Magazine Luiza sob controle da família, mas eles não o fizeram. Eles reconheceram que Fred necessitava de mais tempo para desenvolver e explorar o negócio. Mais importante, eles encontraram a pessoa certa para facilitar a transição.
- Preserve a insurgência. Luiza, Marcelo e Fred compartilhavam o mesmo objetivo ao longo dos anos de transição, ou seja, defender a *Mentalidade do Fundador* da empresa. Isso exigiu que todos permanecessem sintonizados na mesma frequência. Além disso, cada indivíduo assumiu um papel crítico. Luiza preservou a obsessão pela linha de frente da empresa, Marcelo adotou a mentalidade de um proprietário e Fred manteve uma atitude insurgente por meio de seus esforços digitais.
- Abandone seu ego. A insurgência não é sobre você. Trata-se de algo simples, mas muitas vezes esquecido. Todos os três jogadores se empenharam no desafio com liderança altruísta. Eles tinham consciência de seus papéis na transição e os desempenharam sem apego ao poder.

Ao colocar as pessoas certas nos papéis certos para uma transição, as empresas familiares não apenas podem manter sua missão original, mas também fortalecê-la. Elas podem basear-se em seus valores enquanto ganham impulso para a próxima era de crescimento. Esta é a vantagem competitiva dessas companhias.[97]

André Castellini é sócio da Bain & Company no escritório da empresa em São Paulo.

James Allen é sócio sênior do escritório da Bain & Company em Londres. É colíder da prática de estratégia global da Bain. Além disso, lidera a iniciativa Bain's Developing Market 100. É coautor de *A mentalidade do fundador: como superar as crises previsíveis de crescimento* (Harvard Business Review Press, 7 de junho de 2016).

---

[97] Closing the Gap: Transitions in Family Leadership, André Castellini e James Allen, Bain & Company (22/08/2018). https://www.bain.com/insights/closing-the-gap-transitions-in-family-leadership-fm-blog/, acesso em 16/01/2022.

17

PERSISTÊNCIA

Do pau de arara a um império do varejo
—

Nos parágrafos que se seguem, eu gostaria de apresentar ao leitor um exemplo de sucessão bem-sucedida no varejo de nosso país. A história se inicia em 1940, em Caraúbas, no Rio Grande do Norte. Naquela época, o menino Nevaldo Rocha contava 12 anos de idade. Era magrelo, sardento e sonhava em conhecer o mundo. Numa noite quente, ouviu a mãe dizer que havia conhecido a esposa do governador, Dona Leonila, em uma quermesse. Logo se iludiu de que havia se estabelecido uma intimidade entre as duas. Naquele tempo, viu a seca implacável matar suas esperanças de encontrar a prosperidade.

Um dia, sem se despedir, partiu num pau de arara rumo à Capital. Percorreu 219 quilômetros em ansiedade, comendo a poeira da estrada, brincando solitário com a moeda que conseguira economizar para sustentar a façanha. Na rodoviária de Natal, conheceu um carregador de malas que o conduziu até a residência do governador Rafael Gurjão. Tocou a campainha, perguntou se a dona da casa estava. Tinha viajado ao Rio de Janeiro. Por um momento, desesperou-se. Que fazer? Voltava logo? Ninguém sabia. A quem recorrer?

Generosos, os guardas da propriedade o abrigaram em uma guarita. Na sequência, sabendo da desdita do garoto, um tio de

Marcelo Silva

Gurjão compadeceu-se e conseguiu empregá-lo na relojoaria de seu amigo Moisés Ferman. Ganhou um salário simbólico, uma rede para dormir e café da manhã. Naquela época, o mundo sofria com um conflito global, e Natal se tornara uma base militar norte-americana, por onde circulavam milhares de soldados. Eram eles os principais clientes do negócio.

Seis anos depois, a Segunda Guerra Mundial havia terminado, os ianques tinham partido e o relojoeiro viu seu empreendimento definhar. Ferman partiu para o Recife, não antes de vender sua lojinha para o fiel colaborador, que mal completara 18 anos de idade, mas já conhecia bem o *métier*.

Em busca de alternativas, Nevaldo transformou seu negócio em um bazar. Vendia brilhantina, pentes, abotoaduras e outros acessórios. Até que um dia, desconfiado, aceitou expor um lote de camisas prontas. Era uma novidade. Na época, as pessoas compravam o tecido e, depois, recorriam aos préstimos de um alfaiate ou de uma costureira. Em poucos dias, vendeu todo o lote. Naquele momento, percebeu que a inovação era fundamental para quem quisesse superar a concorrência. Era preciso compreender a cabeça do consumidor e testar soluções para atender a essas novas demandas.

Em busca de aprendizado, economizou o que pôde e viajou para os Estados Unidos. Lá permaneceu por meio ano, estudando as estratégias do comércio na Costa Leste. Surpreendeu-se com as lojas sem balcão. Em pontos de venda da famosa marca Arrow, da Phillips-Van Heusen Corporation, conheceu uma espécie de *self-service* de vestuário, no qual os clientes podiam examinar, tocar e provar as peças. No retorno ao Brasil, aplicou esse conceito à loja. O sucesso foi imediato e gerou caixa para a empresa. Em 1951, inaugurou uma pequena confecção, no Recife, e começou a multiplicar seus pontos de venda. Cinco anos mais tarde, em parceria com o irmão Newton, fundou oficialmente a Guararapes, uma indústria projetada para atender ao mercado crescente de roupas prontas. Em 1958, a matriz foi realocada para Natal.

EMPRESAS FAMILIARES

Em 1979, a companhia concluiu a aquisição da Riachuelo, do grupo Othon Bezerra de Melo, cujas lojas vendiam, sobretudo, tecidos. Logo foram ampliadas, modernizadas e passaram a concentrar-se na comercialização de roupas prontas.

Nessa época, Flávio, filho de Nevaldo, tinha 21 anos, mas já atuava na empresa desde os 14. O jovem inquieto trabalhou no setor de distribuição e na área comercial, até que, ao completar 24 anos, iniciou o projeto de uma *private label* de *jeans* chamada Pool. A marca logo alcançou grande aceitação e passou a licenciar itens que a Guararapes não fabricava. Primeiramente, agregou uma linha de banho; depois, jaquetas, pijamas e cuecas, compondo um portfólio de 30 produtos. Querida do público consumidor, a Pool foi a primeira patrocinadora do piloto Ayrton Senna.

Flávio trabalhou com seus dois irmãos, Lisiane e Élvio, que garantiram à empresa o binômio fundamental a todas as empresas familiares: respeito à tradição e inovação permanente. Anos depois, em um momento de expansão acelerada do negócio, os netos começaram a assumir cargos na administração do grupo, que desde 2008 agrega a Midway Financeira. Foram os casos de Felipe, filho de Flávio, que se tornou vice-presidente da Riachuelo, e de Marcela Carvalho, filha de Lisiane, que se destacou no departamento de *marketing* da companhia.

O que chama atenção, no entanto, é que a família sempre valorizou o mérito, representado por conhecimento e empenho. Para ascender na companhia, não basta ter o sangue ou o sobrenome do velho Nevaldo. É preciso comprovar competência. Por este motivo, os herdeiros da terceira geração tiveram de disputar uma vaga com milhares de candidatos ao programa de *trainees* da companhia. Depois disso, precisaram fazer o mesmo curso destinado à formação dos demais estagiários.

No ambiente altamente competitivo do setor, o sucesso depende da agilidade em produzir peças diferenciadas, da variedade de SKUs em cada coleção e da sintonia com as novas tendências da moda. O *fast-fashion* exige versatilidade no redesenho de peças, nas encomendas aos fornecedores, nos processos operativos no chão de fábrica, na logística, na precificação, na organização do espaço de vendas e nas estratégias de *marketing* e propaganda.

Desde meados da década de 2000, o grupo se concentrou no modelo de negócio verticalizado, que começa com a fabricação do fio e se conclui na venda ao consumidor final. A referência é o modelo da Zara, do grupo espanhol Inditex, sinônimo de qualidade e alta lucratividade na indústria da moda. Convém destacar que o vestir é sempre resultado de comportamentos e costumes que se alteram com celeridade, de acordo com as transformações culturais. A escolha equivocada de um estilo ou de uma matéria-prima pode arruinar uma coleção e comprometer toda a receita de um trimestre ou semestre.

É certo, portanto, que as inovações na Riachuelo foram facilitadas pela presença ativa dos herdeiros de Nevaldo, capazes de manter os valores da companhia e, ao mesmo tempo, sintonizá-la com as rápidas mudanças do setor.[98]

---

[98] Guararapes: histórico e perfil da companhia. https://ri.riachuelo.com.br/show.aspx?i dCanal=vw1IOPp7f0b2cA+k+n7G3w==, acesso em 15/01/2022.

18

CONCLUSÃO

Avançando pelo caminho do meio

—

No Ocidente, o filósofo grego Aristóteles é tido como o criador da "doutrina do meio-termo". Nela, aquele que busca a felicidade não se desvia muito para um lado nem para o outro. Essa senda do centro expressa a harmonia, o equilíbrio, a fuga inteligente da escassez e também do excesso. A ousadia sem limites leva à tragédia. Mas a prudência desmedida conduz ao fracasso.[99]

A filosofia oriental trabalha frequentemente com esse conceito. O chinês Confúcio costuma sugerir um comportamento equilibrado na busca da virtude. E os budistas tendem a adotar como princípio a rejeição tanto à austeridade sem limites como ao hedonismo viciante.

Em uma família, os fanatismos e extremismos geram sempre o conflito, a divisão e o ressentimento. O pai que tudo proíbe acaba por impedir que os filhos vivenciem os dramas do mundo e que aprendam a superar as dificuldades. Aquele que tudo libera, sem sabedoria, permite que seus herdeiros se percam nas trilhas da soberba ou dos prazeres fáceis.

Não é diferente nas empresas familiares. Negócios formidáveis são perdidos quando os titulares atiram pesos insuportáveis

---

[99] Zingano, Marco. Aristóteles: Tratado da Virtude Moral; Ethica Nicomachea I 13 – III 8, São Paulo, Odysseus Editora, 2008.

nas costas daqueles que serão seus sucessores. E o mesmo ocorre quando os blindam das adversidades que marcam a gestão de qualquer companhia. Os primeiros se traumatizam e tendem a cultivar a repulsa pelo empreendimento do clã. Os segundos submergem na ingenuidade e no desconhecimento e acabam se mostrando ineptos para perpetuar a companhia.

Em décadas de experiência, identifiquei um robusto conjunto de dicotomias que podem ameaçar o projeto de uma empresa familiar. Listo abaixo algumas delas.

A autoconfiança é fundamental para aqueles que pretendem criar, consolidar ou aperfeiçoar um negócio. Em excesso, porém, esse bom predicado se degenera em arrogância, a pior das inimigas de uma empresa. Gestores arrogantes desdenham das opiniões divergentes, desagregam, despertam rancores e, cedo ou tarde, pelo desprezo à dúvida, cometem erros crassos.

No ambiente corporativo há quem, com razão, seja zeloso com coisas e processos. Esses materialistas pragmáticos, no entanto, frequentemente se esquecem de que as empresas são feitas, sobretudo, de pessoas. Fracassam quando descartam a subjetividade do vendedor José e da cliente Maria. Fazem o negócio andar para trás quando são incapazes de ver para além dos frios relatórios financeiros e dos ativos patrimoniais.

Por este motivo, costumo dizer que tudo se origina nas pessoas e que elas são a finalidade de qualquer atividade, seja no campo dos negócios privados, seja no território dos assuntos públicos. Afinal, *gente não é salame*. Gente não se fatia. Em uma empresa familiar, de modo especial, constituída na presumida afinidade de consanguíneos, é preciso ter em mente que, em primeiro lugar, vêm as pessoas. Depois, todo o resto.

Outra questão importante diz respeito aos resultados. Ora, é evidente que as empresas precisam realizar boas vendas, elevar constantemente as receitas e, por fim, distribuir lucros que justifiquem o esforço humano para produzir e servir. Com frequência,

EMPRESAS FAMILIARES

todavia, na busca desmedida por resultados, as empresas promovem uma acelerada erosão de seus valores, ou seja, de seus pilares morais.

Se a proposta original é preservar o meio ambiente, como justificar a poluição de um rio vizinho da planta industrial? Se a regra é respeitar a lei e valorizar os colaboradores, como explicar, por exemplo, a informalidade nas relações trabalhistas e a insalubridade no chão de fábrica?

Em geral, empresas familiares constroem douradas reputações porque transferem aos negócios as virtudes que os pais lecionam cotidianamente aos filhos, como honestidade, respeito e generosidade. Este é um capital de valor inestimável nessas companhias, que assim conquistam e mantêm a confiança de seus *stakeholders*. Quando abdicam desse procedimento, mancham o seu *brand* e perdem espaço nas renhidas disputas concorrenciais.

Entre o topo e a base

Para um gestor profissional é reconfortante ver que a família detentora de um negócio se esforça para incrementar resultados por meio de intervenções criteriosas no *bottom line*. É quando os gestores cortam despesas desnecessárias, reduzem o custo do capital, desenvolvem métodos operativos mais eficientes e estabelecem vantagens nos acordos com fornecedores.

Uma empresa que precisa crescer e se fortalecer, no entanto, requer principalmente estratégias que foquem no *top line*, ou seja, no conjunto de ações destinadas a conquistar clientela, vender mais e ampliar receitas.

Companhias obcecadas pelo *bottom line* podem extinguir elementos fundamentais ao seu desenvolvimento futuro. Uma economia exagerada na folha interna de pagamento, por exemplo, pode inviabilizar a retenção de talentos. Operações menos custosas (e possivelmente mais lentas no campo da logística) podem atrasar

Marcelo Silva

entregas e sabotar os programas de fidelização de clientes. De forma resumida, essa conduta desequilibrada pode fazer com que a empresa perca paulatinamente seus trunfos competitivos e inicie uma espiral descendente e fatal.

Sempre defendi a economia de mercado. Creio que assim evoluímos em liberdade, premiando aquelas empresas mais capacitadas a interpretar e favorecer os interesses da sociedade. Também defendo a verdadeira meritocracia. Quem se esforça e desenvolve competências merece os melhores cargos e as melhores remunerações. É óbvio e justo.

Sou também partidário ferrenho da equidade competitiva e da imparcialidade do Estado nas questões de mercado, desde que os *players* respeitem a lei e considerem a hipoteca social que pesa sobre qualquer iniciativa privada, como o pagamento de impostos e tributos.

Esses são conceitos tradicionalmente atribuídos à direita. No entanto, tenho consciência de que a agenda associada à esquerda também carrega argumentos válidos no debate que mistura a política à economia. Se o trabalhador está precarizado e sua renda foi achatada, como é que vai comprar os produtos da minha empresa? No meu caso específico, sei que a excessiva concentração de renda e o rebaixamento do poder de compra da população tendem a afetar duramente os negócios do varejo. Pessoas comuns, com seus dinheirinhos contados e suados, fizeram prosperar o Bompreço, a Pernambucanas e o Magazine Luiza.

Particularmente, tenho um pé atrás com todos os "ismos", pois expressam radicalismos e a negação das razões do outro. Os ismos lançam névoas pesadas sobre a razão e incentivam fanatismos. Quando alguém se diz militante engajado do comunismo, do socialismo, do capitalismo ou do liberalismo já antevejo defesas cegas de uma ou outra doutrina, sem que se pesem, de forma justa, os defeitos e virtudes dessas experiências.

Há quem erradamente ainda fale em "homossexualismo", mas é bom constatar que as entidades LGBTQIA+ hoje condenam veementemente o uso desse termo. Pois não se trata de uma

EMPRESAS FAMILIARES

corrente política ou de um movimento de conversão. O que existe é a "homossexualidade", ou seja, um tipo específico de orientação sexual, referência da definição de identidades individuais.

Muitas das palavras terminadas com o sufixo "ismo" indicam condutas ou crenças extremas, como o hitlerismo ou o stalinismo, localizadas nos extremos do espectro político. Além de doenças, como o bruxismo e o reumatismo, e intoxicações, como o alcoolismo e o eterismo.

Prefiro me despojar dos rótulos, seguindo preferencialmente pelo caminho do meio. Para aproveitar os bons ventos e fugir das tempestades, o bom timoneiro desvia-se ocasionalmente para a esquerda ou para a direita. Sua rota, no entanto, tende a percorrer a trilha do centro, a linha reta possível entre seu ponto de partida e seu destino.

Não por acaso, os países que mais se desenvolveram no mundo adotaram fórmulas que, de alguma forma, emulam esse paradigma. Mantiveram a necessária economia de mercado, mas investiram em políticas sociais capazes de habilitar trabalhadores, gerar consumidores e constituir uma ideia compartilhada de civilidade e cidadania.

Você, leitor, já deve ter percebido que me apraz buscar analogias no futebol, esse esporte que encanta tantos brasileiros. Se eu pudesse imaginar uma posição ideal no time da vida, eu seria um *"center forward"*, como dizem os britânicos, ou um "centroavante", como dizemos nós.

No esporte bretão, é evidente que vale o talento dos pontas, como Garrincha e Zagallo. Prefiro, no entanto, incorporar as habilidades do sujeito que anota gols deslocando-se astutamente pelo meio, sempre em frente, mirando vazar a meta adversária. Vêm à mente às imagens do excelente Ramón, do meu Santinha, e de Dadá Maravilha, que até parava no ar, como beija-flor e helicóptero.

Posso dizer, sem um pingo de dúvida, que muitos dos líderes familiares que conheci em minha trajetória copiavam os modos e recursos dos centroavantes. João Carlos Paes Mendonça e Luiza Helena Trajano são artilheiros natos.

Peço ainda um tantinho de atenção para uma última análise binomial. Na defesa do caminho do meio, penso no corpo, a máquina de existir, essa impressionante construção autoconsciente da natureza. E, sim, precisamos cuidar dele, desse nosso valioso *hardware*, exercitando-o regularmente, alimentando-o de forma saudável e oferecendo-lhe o devido descanso noturno.

No entanto, o corpo é uma condição transitória de um punhado sortudo de poeira de estrelas. Um dia, inevitavelmente, ele será recuperado pelo cosmo. Alguns de seus átomos serão levados sem rumo pelo vento, outros serão aproveitados num girassol, num umbu-cajá ou em canário cantor.

Para além do corpo, entretanto, existe a alma. E ela necessita de outros cuidados, de cargas de energia muito específicas e de peculiares nutrientes imateriais. É por isso que as pessoas rezam, meditam, cumprem rituais, dialogam, buscam entendimentos, pedem perdão e se amam.

Na minha humilde opinião, o corpo se desintegra e se recompõe na diversidade. A alma, não. A alma continua.

A HISTÓRIA
EM FOTOS
—

Dona Maria Mendonça (mãe), João Carlos Paes Mendonça e seus irmãos. Arquivo Grupo JCPM

Atacadão na Rua de Santa Rosa, em Aracaju (SE). Arquivo Grupo JCPM

Inauguração do Bompreço em Casa Amarela, Recife (PE), em 1966.
Arquivo Grupo JCPM

João Carlos Paes Mendonça, Pelé e Pedro Paes Mendonça, em escritório do Bompreço, no Recife, década de 1970.
Arquivo Grupo JCPM

Pedro Paes Mendonça, Maria Auxiliadora (esposa de João Carlos) e João Carlos Paes Mendonça, em inaguração de loja do Bompreço em Arapiraca (AL), em 1976. Arquivo Grupo JCPM

Unidade de ação educativa do Grupo JCPM, em Serra Machado, Ribeirópolis (SE). Arquivo Grupo JCPM

João Carlos Paes Mendonça em loja do Bompreço.
Arquivo Grupo JCPM

Marcelo Silva e João Carlos Paes Mendonça em visita a loja do Bompreço.
Arquivo Grupo JCPM

O sueco Herman Theodor Lundgren, fundador das Casas Pernambucanas.
Arquivo da Casas Pernambucanas

Anita Harley, bisneta de Herman Theodor Ludgren; sua mãe, Erenita Helena Lundgren; e Jimmy Carter, presidente dos Estados Unidos na década de 1970.
Arquivo da Casas Pernambucanas

Loja da Casas Pernambucanas na década de 1930.
Arquivo Memorial Pernambucanas

Loja da Casas Pernambucanas em Piracicaba (SP), em 1940.
Arquivo Memorial Pernambucanas

Publicidade da Pernambucanas em estrada vicinal, anos 1950.
Arquivo da Casas Pernambucanas

Nevaldo Rocha em sua primeira loja.
Arquivo Blog Riachuelo

Marketing no ponto de venda, nos anos 1970. Arquivo Blog Riachuelo

Oficina de produção do Grupo Guararapes.
Arquivo Institucional Riachuelo

Flavio Rocha e seu pai, Nevaldo Rocha.
Arquivo Flavio Rocha

Loja do Magazine Luiza em Franca (SP), na década de 1950.
Arquivo Magazine Luiza

Loja do Magazine Luiza em Franca (SP), na década de 1990.
Arquivo Magazine Luiza

Da esquerda para a direita, Marcelo Silva, Onofre Trajano, Frederico Trajano, Roberto Belíssimo (fundo), Pelegrino José Donato, Fabrício Garcia (fundo), Luiza Helena Trajano, Wagner Garcia e Luiza Trajano Donato, na cerimônia de abertura de capital do Magazine Luiza, em 2011, na sede da BM&F Bovespa, em São Paulo. Arquivo de Marcelo Silva

Luiza Heleno Trajano, Frederico Trajano e Marcelo Silva, em evento de "Posicionamento Estratégico", em 2015: passagem de bastão no comando o Magazine Luiza. Arquivo de Marcelo Silva

Marcelo Silva e Frederico Trajano em evento de "Posicionamento Estratégico" do Magazine Luiza, em 2015. Arquivo de Marcelo Silva